平凡な元会社員が3年で7億円稼いだ

超速★人脈術

室井良輝 Yoshiteru Muroi

二見書房

構成　別所 諒
ブックデザイン　bookwall
カバー&本文イラスト　田淵正敏
DTP&本文図表制作　津久井直美
プロデュース／編集協力　貝瀬裕一（MXエンジニアリング）

はじめに

——仕事も人生も、才能ではなく「人脈」で決まる

私たちは自分たちの食べる食べ物のほとんどを作っていません。私たちは他人の作った服を着て、他人の作った言葉をしゃべり、他人が作った数字を使って生活をしています。要は、私たちは常に他人に依存しているということです。

アップルの創業者スティーブ・ジョブズが生前のスピーチでこんな話をしたことがありました。彼の言うとおり、人間は1人で生きていくことは不可能です。日常生活を送るうえで他者とのつながりは不可欠です。必ずほかの誰かの助けが必要に

なります。

そして当然のことですが、他人からの助けが多ければ多いほど、ビジネスはうまくいきますし、何より人生も豊かになります。

ここであなたに質問します。

多くの人から助けてもらうためにはどうしたらいいと思いますか？

少し考えてみてください。

答えは簡単です。あなたのために親身になってくれる友人・知人がたくさんいればいいのです。つまり、豊富な人脈を持っているということです。

こんな話をすると、「なるほど！　それなら早速、人脈を広げよう！」と思うかもしれません。でも、あなたは、人生を豊かにする人脈の作り方をご存じですか？

人脈を作ろうと決めても、あなたの友人・知人が明日からいきなり100人増えることはありません（SNSの「友だち」なら可能かもしれませんが）。

そもそも私がお話ししている「人脈」とは、いざというときにお互いを助け合ったり、情報を交換し合ったり、人を紹介し合ったり、刺激し合ったりする、いっしょに成長していけるマインドの高い仲間のことを指します。

つまり、人脈作りとは、単に友人・知人を増やすことではなく、仲間を増やすことです。この本では、仲間の作り方をご紹介します。

ところが、このようなお話をすると、次のような反応をする人がいます。


「人付き合いが苦手なんだよね」

「コミュ障だから人との会話が苦手で……」

「他人とかかわるのが煩(わずら)わしいからイヤだ」


でも、よく考えてみてください。

どんなに人付き合いが苦手だという人でも1人や2人、親友と呼べる人がいるのではないでしょうか？　その人にはなんでも話せますよね？　悩みごとの相談にも乗ってもらえるでしょうし、あなたがピンチのときには何を差し置いてでも助けてくれるでしょう。

もし、そんな親友がさらにもう1人か2人増えたらどうですか？　味方が増えれば安心できるでしょうし、何より心強く思うのではないでしょうか。

最初から100人、200人の人脈を作ることを目標にするのではなく、まずは親友と呼べるような人を1人か2人増やすつもりの気がまえでいいと思います。そうすることで、あなたの生活の質も向上しますし、何より生きているのが楽しくなります。

人脈は1日や2日で構築できるようなものではありません。時間をかけて少しずつ相手との関係性を深めていくことでできるのです。

とはいえ、「ただでさえ忙しい毎日を送っているのに、人脈を広げる時間なんてないよ」と、おっしゃりたい気持ちもよくわかります。ですから、今回はなるべく短い時間で深い人間関係を構築する方法をお伝えします。

申し遅れましたが、私は室井良輝と申します。ここで少し自己紹介をさせてください。今、私は多くの人脈を持たせていただき、多岐にわたる業種の方と親しくさせていただいております。

たとえば、

3年間で11億円を売り上げたWebマーケッター
株式投資で年間数千万円を稼いでいる敏腕トレーダー
年間売り上げが数億円規模のインターネット企業の元社長
オリンピックのメダリストやオリンピック代表選手
誰もが知っている漫画家
大手芸能プロダクションの副社長や有名芸能人などなど……

いわゆる「成功者」と呼ばれる方々ばかりです。

この中の数名の方とは、実際にお仕事もごいっしょさせていただき、総額7億円規模の売り上げをあげたプロジェクトに携わらせていただくこともできました。また、それ以外の方々とも気軽に飲みに行く仲間として、今でも仲良くさせていただいております。

こんなことを言うと、「元々たくさんの人脈を持っていたのではないか」とか、「お金があったからそのような人たちとつながれたのではないか」などと思われるかもしれませんが、そんなことはまったくありません。

私は、数年前まで普通の会社員でした。年収も世間一般のサラリーマンの平均的な金額です。もう少し詳しくお話しすると、私は国内の大手自動車メーカーのセールスマンとして、20年近く勤務していました。いわゆるカーディーラーというところで、一般の方や法人向けに車を販売する仕事をしていました。

新卒で入社して以来、サラリーマンとして勤めた会社はこの一社だけです。

その頃の私は、人脈といえば社内の人間か社外のお客様・取引先の方くらいで、それ以外の人脈はほとんどありませんでした。せいぜい学生時代からの友人が数人いたくらいです。正直、仕事関係の人たちと付き合っているだけで、なんの不自由も感じませんでした。

この本をお読みいただいている方の中にも、同じような方がたくさんいらっしゃるのではないでしょうか。「普通に暮らしていたら、人脈なんてそんなに必要ないんじゃないのか」などと思っていませんか。

お気持ちは非常によくわかります。ですが、これだけはハッキリ言っておきます。

「人脈」は必要です。

さらに言うなら、社内の人脈よりも社外の人脈のほうが重要です。

これは、会社を辞めてから実感したことですが、社内の人脈は会社を辞めた時点で関係が途切れます（社内の人脈には取引先の方たちも含まれます）。よほど仲の良かった同僚などは、辞めてからも関係が続くかもしれませんが、ほとんどの人とは会社を辞めた時点で縁が切れます。

でも、これは考えてみれば当然ですね。

社内の人脈は、お互い利害関係があるから付き合っていただけであって、利害関係がなくなれば付き合う必要はなくなるわけです。ごく普通の判断でしょう。

しかし、社外で付き合っていた数少ない友人・知人とは、会社を辞めても関係は続いています。当然ですが、この人たちとは利害関係がないので、会社に勤めていようがいまいが関係なく付き合っていけるんですね。

会社を辞めるまで「ほぼゼロ」と言っていいほど社外の人脈がなかった私が人脈

を作りはじめたのは、退職してからのことです。

お金もコネも目立った実績もない私が、なぜ次々に成功者とつながっていき、大きなビジネスをいっしょにするようになったり、気軽に飲みに行く仲間として付き合えるようになったのか？　知りたくありませんか？


なぜ、私がこんな話をするのかというと、1つは今のご時世いつ何が起こるかわからないからです。

私が新卒で会社に入った頃は「終身雇用」といわれていて、いったん入社してしまえば、あとは会社が定年まで面倒を見てくれると思われていました。しかし、今は事情が違います。自分の身は自分で守らないといけない時代です。そこで重要になるのが人脈です。

この本では、成功者とつながるために、私が実際に行なってきた方法と、つながった成功者とどのように付き合ってきたのかをお伝えしたいと思います。きっと今のあなたのビジネスでもすぐに使えるノウハウや考え方が見つかると思います。

もはやリストラや早期退職が当たり前の時代になってきています。「大手企業だから安心」なんてことはまったくありません。いや、むしろ大手企業ほど、経営が傾いたら真っ先に社員を切ります。

守ってくれるはずだった会社が守ってくれなくなり、ある日突然「明日から仕事がない」なんてこともテレビの中だけの話ではなくなってきています。実際「自分は大丈夫だろう」と思っていた私自身も会社を辞めることになり、辞めてから初めて人脈の重要性を痛感しました。

私のように会社を辞めてから考えるのでは遅いのです。人脈を作るまでには、時間がかかります。だからそうなる前に、今から準備をしておけば、いざというときでも慌てずに済みます。人脈の構築は、自己投資だと思って、今から準備をしてほしいと思います。

2つ目の理由は、私は今の人脈を作るまでに非常にキビしく、辛い思いをしてきました。会社員時代に常識だと思っていたことが、外の世界ではまったく通用しないなんてことがたくさんありました。

「そんなことも知らないのか?」とバカにされたこともありました。また、「優秀な人脈を紹介する」と言われて、ついて行ったら、よくわからない通信販売のセミナーだったりしたこともあります。さらに、自分より年下の人間に軽く扱われたことも何度もあり、くやしくて家に帰ってから涙を流したなんてこともありました。

あなたには、私が実践してきた人脈構築術を知ることで、避けられる苦労は避けてもらいたいと思い、今回思い切って公開することにしました。

今はまだ人脈の重要性を実感していないけれど、少しでも将来が不安だと感じているようでしたら、本書の内容はきっとあなたの役に立つと思います。

どんなときでも私を支えてくれる友人・知人たちがいてくれたおかげで、私は今日も生きていられると実感しています。

本書が少しでもあなたのお力になれれば幸いです。

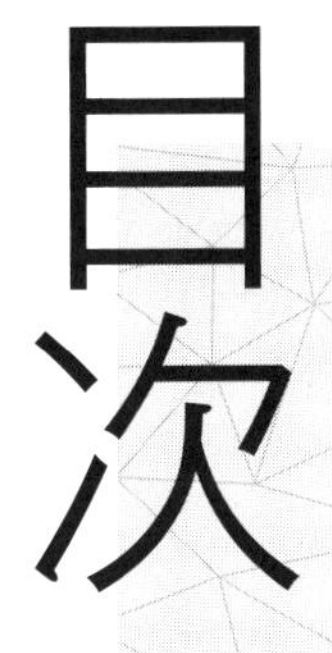

目次

平凡な元会社員が3年で7億円稼いだ　超速☆人脈術

第1章 人脈がある人はなぜ成功できるのか？

コラム column

第2章 戦略的な人脈作りは資産形成と同じ

第3章　コネや実績がなくても成功者と親しくなる方法

第4章 心理学を利用して仲良くなるテクニック

コラム column

第5章 セミナー・勉強会、パーティ・イベントは絶好の狩場

第6章 初対面の人と一瞬で仲良くなれるテクニック

第7章 嫌いなタイプ、相性が合わない人の攻略法

コラム column

第8章 良質な人間関係を継続していく方法

Chapter 1

第1章 人脈がある人はなぜ成功できるのか？

あなたはどんな人脈を持っていますか？

あなたは、人脈をどのように捉えているでしょうか？

ひと口に「人脈」といってもさまざまな人脈があります。

フリー百科事典のウィキペディアによると、「人脈」とは、《人間関係（にんげんかんけい、英：interpersonal relationship）、人間と人間の関係のこと。社会や集団や組織の場あるいは個人的な場における、感情的な面も含めた、人と人の関係のこと。》だそうです。つまり、「人と人とのつながり」を「人脈」と呼んでいいでしょう。

「はじめに」でも言いましたが、人は1人では生きていけません。必ず他者とのかかわり合いが必要です。ですから、誰でも人脈を持っています。

たとえば、家族・親類の人脈または、親しい友人・知人の人脈、サラリーマンであれば社内外での人脈など、あなたの周りにはさまざまな人脈が構成されています。

この中で、関係性が強い順で考えると、**「家族・親類の人脈」＞「親しい友人・知人の人脈」**

「会社関係の人脈」になるのではないでしょうか？　もちろん、人により多少の変動はあるかと思いますが、多くの方にとってはこのような順番になると思います。

やはり、関係性が強い人脈ほど、あなたに何かあったときに、親身になって考えてくれたり、相談に乗ってくれると思います。「家族・親類の人脈」は、血のつながりがあるので、親身になってもらえるのは当然と言えば当然です。

そう考えると、「親しい友人・知人の人脈」や「会社関係の人脈」をさらに強めることが重要になりそうです。しかし、**あえて本書では現在あなたが持っていない人脈の作り方についてお話したいと思います。**

私は大手企業のサラリーマンでした。一般的なサラリーマンと同様、学生時代の友人、会社の同僚、お客様と取引先などが人脈でしたが、まったく不自由を感じたことはありませんでした。社外との人脈も仕事を通じて広がりましたし、お客様に恵まれて、営業成績は上々でした。当時は、お客様とのつながりを財産とまで思っていました。

状況が一変したのは、独立をしてからです。

何かお仕事をいただければいいなと期待して、サラリーマン時代のお客様にごあいさつにうかがうと、以前と雰囲気が違います。話をしても、以前と比べるとよそよそしい、仕事につながりそうな雰囲気はありません。人によっては、「今立て込んでいて時間がない」と立ち話をしただけで、門前払いをされることもしばしばでした。そのときに私は、自分の人脈は、大手企業の看板があっての人脈だったことに気づいたのです。いただく年賀状は年を追うごとに少なくなり、お歳暮やお中元などは当然ながら届かなくなります。どんどん関係が薄くなっていきます。

それまでの私は、誰かとつながるときには、相手から私のほうに来てくれていました。営業活動のときも、大手企業の名刺を出すと丁寧に扱ってもらえます。自分から人脈を作るアクションを起こしたことなどありませんでした。

それが一気に、「利害関係がなくなったと思ったら即さようなら」という状況ですから、まったくどうしていいかわからず、お先真っ暗でした。

人脈とはいっしょに成長していける「仲間」を作ること

ここであなたに質問です。

「親しい友人・知人の人脈」や「会社関係の人脈」の中で、あなたが困ったときや、悩んでいるときに親身になって相談に乗ってくれたり、人脈を紹介してくれる人は何人いるでしょうか？

もし5〜10人以上思い浮かぶのであれば、あなたは非常に素晴らしい人脈をお持ちです。たいていの方は、1〜3人なのではないでしょうか。

もちろん、知っている人の数が多いに越したことはありませんが、大切なのは数だけではありません。それぞれの方とどのくらい深い関係性を築けているか、そして関係の深い人がどのくらいの力を持っているのかが大切です。力のある人との人脈があれば、人数が少ないからといって心配することはまったくありません。

ただし、単に相談に乗ってもらうだけという関係であれば、あなたは力を貸してもらうだけの人になってしまいます。困ったことがあるたびに、「助けてほしい」とお願いばかりをしていたら、相手は何回まであなたをサポートしてくれるでしょうか？　逆に、相手から相談されたときに、あなたはどこまで相手の力になれるでしょうか？

人脈とは一方的に頼るものではないし、頼られるものでもありません。この本で私がお伝えしたい**「人脈」とは、いっしょに成長していける「仲間」のような関係**だということです。

自分が困っているときは、いっしょに悩んでくれたり、アドバイスをくれたりする。あるいは、相手が困っているときは、自分ができる限りのアドバイスや支援をする。そうして、ともに成長していける。そんな関係が真の「人脈」だと思います。

これまでの人生を振り返ると、「一見、人脈のようで、実は人脈でなかった関係」「人間関係ができていると思っていたけれど、実はそうでもなかった関係」など、人脈作りにおいて多くの経験を重ねました。

私は、今、自分のビジネスを飛躍させてくれる人脈を持っていて、そうした人脈を広げていく方法を知っています。その方法をこれからあなたにお伝えします。

人脈構築はビジネスで成功するための必須条件

ビジネスで成功するためには「人脈」は重要です。というか、人脈構築はビジネスで成功するための必須条件だと私は思っています。

あなたがビジネスで困っているときに、親身になって相談に乗ってくれたり、人を紹介してくれる。あるいはその逆で、相手が困っているときに相談に乗ったり、自分の知っている人を紹介したりし合える関係は、何よりも重要な「人脈」ですよね。

そんな人脈があったとしたら、どうでしょうか？　ビジネスを行なう上で、とても安心できますよね。人脈があれば、安定的に自分のビジネスを進められるでしょう。

そして、そんな人脈を数多く持っていたとしたらどうでしょう？　きっと、みんながあなたのビジネスを応援してくれると思いませんか。たくさんの方に応援されることで、あなたも自然とビジネスで成功していけるようになるはずです。

私は現在、インターネットを活用したマーケティングの仕事をしています。しかし、独立当初は、インターネットやマーケティングに詳しかったわけではなく、素人に毛が生えた程度でした。それがわずか3年程度で7億円を売り上げるようになれたのは、人脈のおかげと言っても過言ではありません。

私は、これまでに数多くのビジネスパーソンとお会いすることで、たくさんの人脈を作ることができました。困ったときに気軽に相談できる〝親友〟と呼べるほど仲のいい方もいれば、〝ビジネスの師匠〟と呼べるような大企業の社長さんまで、非常に多岐にわたる人脈です。

こうした人脈は、会社員の時代の人脈とはまったくの別物です。

会社員の場合、基本的に上司と部下は選べません。必然的に決められたメンバーと仕事をすることになります。何か仕事が発生すれば、社内のスタッフに頼むしかありません。また、お客様との関係も顧客と会社の関係です。

私も会社員時代は、いっしょに仕事をするメンバーが限られていましたが、今の私にはメンバー選びに制約がありません。

ですから、私が何か新しいビジネスを始めるために、「○○なサービスを考えているのだけれど、誰か詳しい人を紹介してほしい」などと、仲間に声をかけると、すぐに一流の専門家を紹介していただけます。たとえば、数億円の売り上げを見込めるプロジェクトのチームを編成して、プロジェクトリーダーという形でビジネスを構築することもあります。

一流の専門家の方たちと仕事をすると、仕事の完成度が高くなります。また、高いレベルの仕事を経験することで、私自身のスキルも上がります。こうしたいい循環も、多くのビジネスパーソンとのつながりから生まれたものであり、人脈を構築したおかげだと思っています。

私があなたに人脈の大切さを説くのは、企業と従業員の関係が昔とは変化しているからです。終身雇用で定年まで社員の面倒を見てくれた時代は終わりました。業績が下がれば、年齢と給料が高く、再就職先を見つけにくい社員からリストラの対象となります。大手企業ほど簡単に人員を削減をします。昨今、副業を許可している会社が増えているのは、働き方の自由を認めると当時に、社員に対して「今までのように定年まで面倒を見ませんよ」というサインを送っているのだと思います。

ですから、もしあなたが会社員なら、今からあなたのゴールに向けた人脈作りをスタートするべきです。今から始めれば、会社から給料をもらいながら、人脈作りができるので、まったくリスクはありません。

人脈で最も大切なのは「数」ではなく「質」

誤解のないように言いますが、別に私は人脈自慢をしたいわけではありません。有名人の知り合いがいたからといって、私が有名人になれるわけでもありません。ですから、ふだんは人脈の話をしません。聞かれてもいないことを話すほど、私はおしゃべりではありません。

しかし、世の中には人脈自慢をする人が少なからずいます。誰かが「有名人と知り合い」という話をすると、「私も人脈では負けないよ」と言わんばかりに、やたらと知り合いの数をアピールしてくる人がいます。しかし、そもそも人脈は他人に自慢するべきものではありません。人生を豊かにする大切な関係です。

人脈においては、私は「数」よりも「質」を重視しています。

質というと、有名人であるかどうかといった、相手のブランド力が思い浮かぶかもしれませんが、私が考える質とは「関係の深さ」です。

たとえば、人脈自慢をしてくる人の話をよく聞くと、名刺交換会やビジネスマッチングパーティーなどに出て、ひたすら名刺交換をしているということを聞きます。決して、こうした会合に参加するのが悪いわけではありませんが、それで果たして、本来の意味での人脈が構築できるのかは疑問です。

もちろん、私も過去に名刺交換会などに参加したことがあります。たくさんの方と名刺交換をして家に帰ってから名刺を見たときに、「あれ、この人はなんの仕事をしている人だったっけ？」と思い出せない方が数多くいました。正直、そんな方々の名刺をいくら持っていても、人脈の数には入らないと思います。とはいえ、かつての私はほかに方法を思いつかなかったので、どんどん交流会に参加していました。

あるとき気づいたのが、交流会は人脈を作りたい人（つまり、人脈を持っていない人）が集まるだけで、そんなところで有益な人脈などできるわけがないということです。また、人脈作りを目的にしているならまだいいのですが、ひどい場合はお客を探しに来ているような人もいます。

名刺交換をしたら勝手にメールマガジンに登録されて、セールスメールが配信される。マーケティングに数の論理があることは事実です。しかも、現在リストの獲得コストはどんどん上がっています（ちなみにここでいう「リスト」とは、取得したメールアドレスのことです）。今や1リスト3000円の時代（1リスト＝1メールアドレス）ですから、参加費を払うだけでリストを集められるので得だと考えるのも理解できます。だからといって、名刺はリストではありません。関係を悪化させるような行為は慎むべきです。

確かに私自身もインターネットマーケティングを仕事にしていますが、インターネットを使って集めたメールアドレスを「リスト」と考えるのではなく、「コミュニティメンバー」だと考えるようにしています。リストという発想だと、どうしても1人1人のお客様が見えなくなってしまいます。

「単なるリスト」という感覚だから、メルマガを一方的に送りつけてしまうのです。また、そんな手法がビジネスで通用するわけがありません。なぜなら、リストの先には、1人1人の人間の感情があるからです。

やはり、相手の顔や名前、仕事内容をしっかりと覚えていて、仕事で何か困ったことがあったときに「そういえば、あの人がこの仕事をしていたな」と顔が思い浮かぶくらいの関係性になって初めて人脈と言えるのではないでしょうか。ですから、ひたすら知り合いの数を求めるのではなく、知り合った1人1人としっかりと向き合っていくことがいい関係性を築くために必要なのです。

良い人脈は仕事のレベルを上げてくれるので、結果、個人ブランドが高まります。いい仕事をすると、次のいい仕事が入ってきます。そして、いい人材を紹介をしてもらうことが多くなるという良いスパイラルに入っていきます。人脈が広がると、有能な人がわかるようになります。

最近は、私の時間も限られているので、なるべく効率良く人に会うようにしています。お互いの関係を良好に保ちながら、人脈の輪が広がっていく、そうすることで、さらに良質な人脈を構築することができるのです。

人脈はあなたの過去の集大成

今の自分は過去の積み重ねでできているといわれます。つまり、**今のあなたが持っている人脈は、あなたのこれまでの行動の集大成です。**

これまでのあなたの人生の道筋でさまざまな人との出会いがあったと思います。幼稚園から始まり、学生時代の友人や恩師、社会人であれば会社での同僚や上司など、あなたはこれまで辿ってきた人生の中でさまざまな人と出会い、そしてつながり、親友や恩師などになった人もいれば、疎遠になってしまった人もいると思います。

そのような過程を経てあなたの人脈が出来上がってきたのです。

過去を振り返り、「もっとこうしておけば良かった……」などと思うことがあるかもしれません。

でも大丈夫です。

人脈作りのいいところは、人脈作りを始めるのに年齢は関係ないという点です。

これがもしスポーツ選手になろうというのであれば、幼いうちから技術を学び、体力がピークの間に結果を出さなければ成功できません。また、何かやりたい仕事がある場合も、若いうちにその仕事をやっておくほうがスキルは上がるでしょう。

しかし、人脈に関していうなら話は別です。何歳になってからでも人脈作りを始められるし、確実に成果をあげることができます。

いい人脈を持っていれば、仕事をいくらでもショートカットすることができますし、その分野の一流の人に教えてもらえれば上達も早くなります。また、優秀なビジネスパートナーがいれば、自分の弱い部分を補ってもらえるので、成果を出すまでの時間が圧倒的に短くなります。こうした人脈は思い立った今この瞬間から構築を始められるのです。繰り返しますが、年齢は関係ありません。実際、私は40歳をすぎてから人脈作りを始めました。

今、あなたが持っている人脈は、あなたの過去の集大成ですが、これから作る人脈で、1年後、3年後のあなたの集大成がいかようにもなるのです。

あなたには、これからの人生でもさまざまな出会いがあるでしょう、その出会いの中で、これからのあなたに必要な人もきっといるはずです。これからのあなたの人生は、今ある人脈やこれから出会うであろう新しい人脈によって作り出されていくのです。

あなたが望む人生を送るためには、これから出会う人が特に非常に重要になってきます。その中でも特にこれからのあなたに必要なのは、自分の仕事に直結する人脈です。

「残りの人生で今日は一番若い日」という話があります。これからあなたが何かをしようと思うなら、今日、この本を読み終えたらすぐに行動をすればいいのです。そうすれば、あなたの望む未来を手に入れることができます。

あなたの成長を支える4つの人脈マトリクス

これから人脈を作っていく前に、現在の人脈を4つに分類してみましょう。
主にビジネスにおいて、あなたの成長を支える人脈マトリクスになっているので、現在の人脈を書き込んで足りない部分を補うようにしてください。

仕事上の人脈……仕事での付き合いなので、仕事が変わるとなくなる可能性が高い
友人……利害関係がなく付き合える
師匠……何らかの教えを請う人
コア人脈……お互いに成長し合える人

次ページにマトリクスを用意しましたので、実際の名前を書き込んでください。

獲得価値 →

会う頻度 ↕

	低い	高い
多い	友人	コア人脈
少ない	仕事上の人脈	師匠

人脈は一朝一夕で構築できない

当たり前のことですが、この本を読んだからといって、短期間のうちにいきなり100人の人脈ができるわけではありませんし、そんなことをする必要もありません。

単に知り合いを増やしたいのであれば、セミナーや名刺交換会などに参加することで、実現できるでしょう。しかし、昨日今日出会ったばかりの人と、それほど深いつながりを持つことはほぼ不可能です。仮に自分は覚えていても相手に覚えてもらえていないのであれば、それは人脈とはいえません。

最近では、ＳＮＳの普及により、人とつながりやすくなっています。高校の同級生など、疎遠になっていた人とも、フェイスブックなどを通じて関係が復活することもあります。

ところで、ここ数年来「ＳＮＳでのつながりは人脈か？」という議論があります。

あなたは、どう思いますか？

結局のところ、何かがあったときに、名前と顔が頭に浮かばなければ、その人はいないのと同じです。それでも多くの人がＳＮＳで友だちを増やしつづけるのは、つながりの多さが影響力になると信じられているからではないでしょうか。

友だちの数を増やすゲームの勝者となり、「人気あります」アピールで「いいね！」を獲得すれば、ＳＮＳ上での影響力を持つことができます（もちろん、ＳＮＳでのつながりの多さがマーケティングに役立つこともあるので、全面的に否定をしているわけではありませんが、個人的にはちょっと違和感があります）。

また、メールでやりとりするよりも、ＳＮＳでやりとりをするほうが効率的ですし、フレンドリーなコミュニケーションができます。知人の投稿に「いいね！」をクリックするだけでも関係を維持することができます。

しかし、こうしたコミュニケーションが有効になるのは、実際に会って、信頼関係を築いたあとの話です。私は、ＳＮＳは人脈を作るためのツールではなく、会ったあとに関係を持続するためのツールだと考えています。

やはり、人脈は一朝一夕に作れるものではありません。

人脈作りにはどれくらい時間がかかる？

先ほども言いましたが、私にとって人脈とは、お互いに良好な関係を築きながら、お互い成長し合える仲間のことです。

では、**人脈作りにはどのくらい時間がかかるのでしょうか？**

もちろん、人によりますから一概にこの期間で作れますとは言い切れませんが、じっくりと関係を深めていけば、必ず良好な関係を築けると思っています。

ただし、皆さんの中には、すでに今の仕事においても、尊敬できる上司がいるし、自分は成長していると感じている方がいらっしゃるかもしれません。そうだとすれば、その方はとても恵まれた環境にいます。その人脈を今後も大切にしていただきたいと思います。

あくまで一般的な話ですが、会社員の場合、会社の仕事をする限り、特別な人脈を必要としません。営業マンであれば、会社に営業事務の担当者がいるので、書類作成などの仕事をお願いすることができます。また、万が一ミスをしても、カバーしてくれる人がいるし、自分がすべての責任を負う必要もありません。そして有給休暇中は、ほかの人が自分の代わりに仕事をしてくれます。基本的には、会社員は安全が確保されていきます。私自身、会社員時代はよく働いていたとは思いますが、今から考えれば「囲われた羊」でした。

私は独立をして初めて人脈の大切さを理解できました。今後、独立を考えている方に絶対に成功する方法をお教えするとしたら、「**100パーセント失敗しない独立の条件は、人脈があること**」と言いたいです。「過去の実績」も「秀逸なビジネスモデル」も、人脈があることとの安定性にはかないません。

独立をしてから、大企業の会社員をしていた時代とは人脈の作り方があべこべになりました。それまではあいさつに来てくれる人がたくさんいましたが、独立後は、こちらからあいさつに行かなければなりません。そして、あいさつに行っても、時間をもらえません。会社を辞めてから、私は自分がただのおじさんであることに気づきました。

やはり、本当の人脈を構築するためには、長い時間をかけて少しずつ関係性を深めていくことが大切です。とはいえ、5年も10年もかけて構築していくとしたら、大変な労力が必要になります。

私は独立してからの**3～4年間で、のべ3000人以上の方とお会いし、**人脈をゼロから作り上げました。この本はその集大成です。もし、最初から今の人脈作りの方法を知っていたら、こんなにも時間や手間をかける必要はなかったでしょう。もしタイムマシンがあったら、昔の自分にこの本を読ませたいですね（笑）。

人脈構築こそ最大の自己投資

あなたは自己投資をする際、何にどのくらいのお金を使っていますか？

本、セミナー、資格取得など、自己投資の対象はたくさんあります。自己投資も金融商品への投資と同じで、元本を保証されているわけではありません。ですから、何にいくら投資をするのかを吟味することが大切です。

自己投資にもいろいろありますが、私は人脈への投資が最も効率的だと考えています。あとはセミナーで学ぶことも有益です。たとえば、セミナーで学んで、その場で人脈が構築できればもっと有益ですね。

もし人脈構築への投資においてデメリットがあるとしたら、毎回の効果が確実に約束されるものではないということです。

本であれば1冊1500円、セミナーの参加費用であれば数千円から数十万円くらいまでの価格が設定されていて、払えば確実に情報を入手できます。また、資格取得もわかりやすくて、お金を払えば、その資格を名乗ることができます。

もちろん、本やセミナーから情報を得たからといって必ずしも効果があると限りませんし、資格を取得しても仕事につながらないことが多々ありますが、まったく何もないということはないでしょう。

それに対して、人脈に対する投資の効果はもっと不透明です。

たとえば、異業種交流会に参加して、誰ともつながることができなければ成果はゼロです。また、人を紹介されて食事に行っても、仕事上の接点がまったくなかったり、性格的に合わないといった場合は時間とお金のムダになります。

ここで私が意味のない投資をしてきた失敗事例をお話ししましょう。

これまで、私も自己投資だと思って、さまざまなビジネスセミナーや名刺交換パーティなどに参加してきました。たとえば、異業種交流会などに参加していた頃は週に5回、日程や都合により、昼と夜に別の会合に出たこともありました。

今から考えれば、私自身も含め、稼げていない自分を稼がせてくれる人を探しているような目的で参加する人ばかりの会合だったため、投資効果としてはほぼゼロでした。

このような会合では、誰もが即効性を求めて、できるだけ多くの人と名刺交換をしようとします。もちろん、そこで知り合った人も何人かいましたが、結局のところ、今ではほとんど疎遠になってしまっています。

当時はお金がなかったので、家財道具を売って参加費用を工面しました。親に借金をしたこともありました。総額で新車1台を買えるくらいの金額を投資しましたが、残念な結果に終わりました。今となっては、費やしたお金と時間を考えると大変もったいなかったと思っています。それは、自分のよこしまな考えが招いた失敗でした。

それよりも、自分で仲良くなりたいと思う人と2人きりで会って情報交換をしたり、ご飯を食べに行くほうがよほど深い情報を手に入れられたり、新しい人脈を紹介してもらえたりと、有意義な時間をすごせるということに気がつきました。そして何よりも、その人との関係性が深くなっていくので、信頼関係も構築できるのです。

そのことに気づいてからは、異業種交流会などには行かずに、私が会いたいと思う人とだけ、会って話をするように心がけてきました。

一度構築した人脈は、よほどの不義理や裏切りを行なわない限り続きます。こうした人脈は一生ものの財産と言っても過言ではありません。そう考えると、**人脈構築は最大の自己投資**と呼べるでしょう。

とはいうものの、これまで築いてきた人脈のおかげで、人脈作りに失敗してきた経験も今回の本のネタになっているので、最終的には人生にムダはないのかとも思います（笑）。とはいえ、あなたには車1台分の損をしてほしくないので、話を続けますね。

人脈はあなたの実力と可能性を無限にふくらませる

どん底の生活を送っていた人が、誰かと出会い、勇気をもらって再起するという話をテレビで見たり、本で読んだことがあるでしょう。

人は人によって影響を与えられ、出会う人があなたの人生を良きものにしてくれるのです。あなたのこれまでの人生で、あなたにいい影響を与えてくれた人はどんな人だったでしょう？　あなたを勇気づけてくれた人はどんな人だったでしょう？

これからの人生、あなたの実力と可能性を無限にふくらませてくれる人との出会いで、あなたの実力は高まり、人生は大きく開けます。**走るのが速くなりたければ、走るのが速い人といっしょに走れば、タイ**

ムが上がるのと同じことです。また、走るのが速い人はたいていトレーニング方法を工夫していますから、それを教わり、取り入れることでさらに速く走れるようになります。

今ではサッカー日本代表はW杯出場の常連になりました。私は、サッカーに詳しくありませんが、海外リーグで経験を積んだ選手が増えて、日本サッカーのレベルが上がったのではないかと思っています。自分よりもレベルが高い人たちとプレーをすることで、自分のプレーのレベルも上がっていったのではないでしょうか。

さて、あなたの実力と可能性を無限にふくらませてくれる人たちと出会う方法の1つとしてセミナーに参加するということがあります。というのも、セミナーに参加するような人たちは、基本的に自分の現状に満足せず、常に向上心を抱いているマインドの高い人が多いからです。

私もセミナーに参加して人脈を作ることがよくあります。最終的に知り合いになったり、お付き合いするようになる人は、メンタリティが自分と近い人が多いです。たとえば、ビジネスマインドの高い人や、現状から抜け出したいと思っている向上心が強い人などとは、メンタリティが近いので親しくなりやすいですね。

こうしたマインドの高い人や向上心が強い人を見分ける方法は簡単です。講師によく質問をする人や、セミナーの開始時間よりも早めに会場に来て前方の席に座っている人などが、その傾向にあります。また、積極的な姿勢で臨んでいる人もマインドが高いと思います。たとえば、グループセッションのときにリーダーを自らかって出たり、率先して参加者の前で発表を行なっているような人です。

実際、マインドが高い人といっしょの時間をすごすと、私自身もポジティブになります。ポジティブな人との付き合いは、普通の人の何倍ものいい影響を及ぼします。結果的に自分の実力も高くなり、可能性もどんどん広がっていきます。

さらに付け加えるのであれば、**人脈は〝深さ〟だということもお伝えしておきます。関係が浅い1000人の人脈よりも、100人の人脈を持っている10人の人たちと深く付き合うことをおすすめします。**

たとえば、私はある社長さんと親しくなってから、現在では政治家の方とのパイプまで作ることができました。まさか、普通のサラリーマンだった自分が政治家の方々と話をするようになるとは思ってもいませんでした。こんなことからも、人脈が私たちの可能性を広げてくれることがおわかりいただけると思います。

良い人脈があれば人生は豊かになりつづける

最初にもお話しましたが、
人は1人では生きていけません。

他人の影響を受けます。

人脈が増えていくと、人生が変わりはじめます。

私自身がそうでした。

私が起業したばかりの頃は、毎日食べていくのがやっと、というくらい大変な生活でした。

昼間は建築の仕事をしていました。建築現場なので夕方5時には作業は終わります。そして自宅に帰ってから、ホームページ制作の仕事をしていました。夜中まで作業して、数時間寝て、また次の日は朝早く起きて現場へ行って建築の仕事をするというダブルワークの生活を送っていました。収入のほとんどは建設の仕事から得ていたので、起業家なのか、アルバイターなのか、よくわかりませんでした。

その頃の私は、人脈と呼べるような人脈もなく、サラリーマン時代の同僚や知人が数名と学生時代の親しい友人が数名いるくらいでした。

さすがにこれではダメだと思い、どうにかこの状況から抜け出すにはどうしたらいいかを考えた結果、とにかく人に会うことにしたのです。最初はSNSで友だちになった人に連絡をして、近所に住んでいる人であれば会う約束を取り付けて会いに行きました。

そうして、さまざまな方とお会いしていき、仲良くなった方にまた別の人を紹介してもらったりしているうちに、ホームページ制作の仕事も順調になりました。そして建築現場の仕事を辞めてサイト制作作業だけで食べていけるようになりました。そのあとも人脈を作りつづけ、やがては大企業の社長やオリンピック選手、有名芸能人などの人脈ができたのです。

人脈が増えれば増えるほど、仕事の量も増え、仕事の幅も広くなり、さまざまな仕事ができるようになりました。そして、仕事が増えるごとに稼げる金額も増えていき、数億円という大きな売り上げをあげるビジネスを手がけることもできるようになりました。

このように私自身が人脈を構築していくことで、人生は変わるということを身をもって体験したからこそ、お伝えしたいことがあるのです。

良い人脈を構築すれば、あなたの人生は豊かになるということです。

これは、私に限ったことではありません。すべての場面において、**チャンス(仕事とお金)は人を介してやって来ます。**良い人脈は、自分の居場所がそこであることを教えてくれます。

何もないから人脈が作れないのではなく、何もないからこそ、むしろ人脈を作るのだという逆転の発想を持ってください。

仮にあなたが人見知りだったとしたら、少しでも話ができる人脈を持てばいいのです。自分の考え方を変えるためには人脈を作ることが最も有効です。もし人に話しかけるのがイヤで人脈作りにためらうのであれば、恥ずかしいからこそ、むしろ自分から率先して話しかけてやるんだという逆転の発想を持ってください。

一度勇気を出して話しかけてしまえば、あとは勝手に会話が始まってしまうので、恥ずかしくなくなります。私もどちらかといえば、人見知りをするタイプなのですが、初対面の人と話すときはなるべく自分から話しかけるようにしています。そうすることで、恥ずかしさを忘れて人と話をすることができるようになりました。

実は、この本の出版も人脈を通じて、話が進みました。

私の知人↓その知り合いの著者さん↓出版のプロ↓編集者↓出版決定という具合です。

本当に、人脈が私の人生を豊かなものにしてくれていると実感しています。

コラム column

なぜ異業種交流会は時間のムダなのか

全国各地で多くの異業種交流会が開催されています。先ほども言いましたが、私もいろいろな交流会に参加をしました。

しかし今では、何の目的も持たずに参加した異業種交流会は「単なる時間のムダだった！」と思います。もちろん、異業種交流会自体が悪いのではありません。そもそも私の参加目的が間違っていたのだと思います。

最初はどうやって人脈を作っていいのかわからず、異業種交流会や名刺交換会などに参加していました。でも、よく考えたら、参加者は私と同じような自分の仕事に役立つ人脈を求めて来ている人ばかりでした。

交流会に参加しても、参加人数が多いと、1人の方とじっくり話すのではなく、みんなが何人の人と名刺交換ができるかを競うかのように、次々に名刺交換していくのです。話しても1人3～5分くらいでしょうか。さらっと自己紹介して、相手の自己紹介や職業を聞いて、お互いの仕事の話を少ししたら、すぐに次の人に行くみたいな感じでした。中には名刺交換だけして終わりという人もいました。

それでもその頃は、家に帰ってもらった名刺の束を見て満足していました。

しかし、そのうちに1つの疑問がわいてきました。「果たしてこんなことを繰り返していて、自分が目指しているビジネスの目標に到達できるのだろうか？」と。

交流会に参加すればするほど、名刺は溜まっていくのですが、名刺を見ても「この人どんな人だったっけ？」と思い出せないことがほとんどでした、よほどインパクトがある人だったら覚えているのですが、それ以外の方はまったく覚えていませんでした。

そしてさらに気がついたことがありました。それは、このような異業種交流会には、ビジネスで成功している人は参加していないということです。

そりゃそうですよね。ビジネスで成功している人は、すでに良質な人脈を持っているわけですから、そもそもこのような会に参加する必要はないのです。ただ、私が知らないだけで、もしかしたら成功者が参加している会合もあるのかもしれませんが、少なくとも私が参加した異業種交流会に成功者はいませんでした。

このことに気がついてからは、このような交流会に参加するのはやめることにしました。参加しなくなったのは、名刺を交換するだけの交流がムダだと感じたのと、成功者と出会えないとわかったからでもありますが、さらにもう1つの理由があります。

それは参加者が皆、自分のビジネス自慢や、不満を言い合う会だったことです。

参加者は皆、だいたい同じような境遇の方々です。自分のビジネスをもっと大きくしたい人や、自社のサービスや商品を多くの人に広めたい人など、要はビジネスがうまくいっていない人たちばかりです。そんな人たちと話をすると、たいていは「自社のサービスはこんなに優秀なのに、誰もこの良さに気づいてくれない」というような不満や、自分の会社の自慢、現状うまくいっていないことへの不満などを聞かされます。正直、話していてもまったく面白くもないですし、何より私はもっと高い志を持っている人と話がしたかったので、参加することをやめました。

もちろん、すべての交流会がこうだと断言するわけではありません。たまたまかもしれませんが、私が参加した交流会にはこのような方々が多かったのは事実です。

結局、交流会に参加してわかったことは、**「人脈を持っていないビジネスマンは成功しない」**という事実でした。いったいなんのためにあんなに熱心に参加していたのやら……。

Chapter 2

第2章 戦略的な人脈作りは資産形成と同じ

人脈という資産を作るのに必要な3つのステップ

44ページの人脈マトリクスはいかがでしたでしょうか？

マトリクスを埋めてみたら、ほとんどが友人か仕事上の付き合いの人ばかりだったという方がほとんどではないでしょうか。でも、それに気づけただけでも確実に前進しているので、落ち込む必要はありません。

ここで間違っても「ろくな人脈がないな〜」なんて思ってはいけませんよ。前章で人脈はあなたの人生の集大成だとお話しした通り、もし「ろくな人脈がない」としたら、厳しい言い方ですが、あなたもろくでもない存在だということです。

人脈形成は資産形成と同じです。

お金がない状態で資産を作ろうと思ったら、あなたはどうするでしょうか？

誰かに資金を借りて、大きな投資をして一発逆転を狙う？

その考えは否定しません。自分に合っていると思えば、一発逆転の資産作りもありです。

ソフトバンクの孫正義社長は、16歳の高校時代に日本マクドナルド創業者の藤田田社長の『ユダヤの商法 ――世界経済を動かす』（1972年、ＫＫベストセラーズ）を読んで感動し、「なんとしても藤田社長に会いたい！」と思ったそうです。

しかし、常識的に考えれば、単なる高校生が名だたるマクドナルドの社長と面談することなど不可能です。そこで、孫少年はその不可能を可能にするために藤田社長の秘書に毎日毎日「藤田社長に会いたい！」と電話をかけたそうです。当然のことながら断られつづけます。

そこで孫少年は、飛行機で東京に向かいます。羽田空港から秘書に電話をかけて、「今から自分の言うことをメモ用紙に書いて、藤田社長に渡してください。私は藤田社長の本を読んで感激しました。ぜひ一度お目にかかりたい。しかし藤田社長がお忙しいことは重々承知しています。お顔を見るだけでいいんです。3分間だけ、社長室の中に入れてくれればそれでかまいません。私はそばに立って藤田社長のお顔を眺めています。目も合わさないし、話もしないということなら藤田社長のお邪魔にはならないのではないでしょうか？」と言ったそうです。

秘書からメモを受け取った藤田社長は、孫少年と約15分間面談してくれます。そこで孫少年は「今度、渡米するのですが、アメリカで何を勉強したらいいでしょうか？」と尋ね、藤田社長から「これからはコンピュータビジネスの時代なので、コンピュータを学ぶといい」と助言されます。

のちに孫社長と再会した藤田社長は「あのときの高校生か!?」と驚いたといいます。

これこそまさに〝一発逆転〟の人脈作りです。

しかし、普通の人は一発逆転の資産形成などしません。

普通の人が資産を増やす着実な方法は、

① 収入を増やす
② 支出を減らす
③ 資産を運用する

という3つのステップです。

人脈作りも同じで、

① 自分の価値を高める
② 価値の低い人脈と交流する時間を減らす
③ 有効な人脈作りに時間を使う

という3つのステップとなるのです。

自分に「タグ付け」することから始めよう

人脈作りの第一歩は、自分の価値を高めるということです。自分の価値を高める方法は、専門分野を持つか、これまでの実績を具体化することです。そして、自分に「タグ付け」します。

自分にタグ付けするとは、「〇〇と言えば、あなた」というポジションを取ることです。タグ付けとは、個人のブランディングでもあるので、「〇〇会社のあなた」よりも一歩踏み込んだポジションとなります。

私の場合、「インターネットマーケティングの専門家」と言うとポジショニングがちょっと広くなってしまうので、少し絞って「プロダクトローンチの専門家」と名乗ることがあります。

過去に売り上げが数億円規模のキャンペーンを成功させているので、実績もあります。誰かが私を紹介してくれる場合は、「プロダクトローンチの専門家の室井さんです」と言ってくれるので、紹介された方は私が何者なのかをすぐに理解できます。

しかし、自分にはタグ付けができるほどの価値がないと思う方もいらっしゃるかもしれません。そんなときは、資産と同様に、今価値がなくても少しずつ価値を高めていけばいいのです。最初は小さな実績でもかまいません。何もしないで収入が増えることがないのと同じように、これまでと同じことをしている限りは、あなたの価値も上がりません。

自分の価値を高める方法は、ズバリ「がんばる」ということです。魔法のノウハウを期待していた方にとっては、がっかりする話かもしれませんが、正直これよりほかに方法はありません。しかし、スタート段階でがんばっておくと、わらしべ長者のごとく、どんどんと人脈が拡大していきます。

では、「どのようにがんばればいいのか?」をお話しします。

それは**「できるだけルーチンの仕事をしない」**ということです。新しいことがあれば必ず手を挙げてやらせてもらうようにします。このように積極的な人は必ず抜擢されます。新しい仕事に抜擢された瞬間、あなたの価値が上がったといえるのです。

さらに付け加えると、価値が高まるまで人脈作りを控えたほうがいいという話ではありません。自分へのタグ付けと人脈作りは並行して行なうようにしましょう。

あなたの目標を達成するには「誰と仲良くなるべきか」を考える

ここからは、自分の価値という資産を増やしながら、人脈を構築する話をします。

たとえば、仲良しの5人組みグループがいたとします。あなたは彼らと友だちになりたいと考えました。

さて、最初に5人のうちの誰と仲良くなったらいいでしょうか？

リーダー格の人？　それとも、話しやすい人？

正解はありませんが、ある程度グループの中で「この人となら仲良くなれそう」という人を事前に見つけておけば、よりスムーズに仲間に入ることができます。

ビジネスも同じで、自分がこれからやろうとしているビジネスや人生の目標を叶えるためにはどんな人が必要なのかを考えればいいのです。私が異業種交流会で人脈を作ることができなかったのは、どんな人と仲良くなればいいのかを明確にしていなかったからです。

「とりあえずいろいろな人と会って、ネットワークを広げる」

これでは、何も生まれません。

なんのために誰と仲良くなればいいのか。

あなたが目的を持つのと同じく、目的を持っている人とは良い関係を築けます。その人の目的とあなたの目的が合えば、良い人脈になります。

もちろん、仲良くならない方がいい人もいます。

いわゆる「くれくれマインド」の人ですね。たとえば、ノウハウを仕入れるためにセミナーに行っているのに、そこで教えてくれたことを否定する。「どうやったら稼げるのか？」と質問をしたくせに、講師が答えると、やらない理由を延々と語りはじめて、ほかのノウハウはないかと要求するような人です。こういうタイプの人とは話が進みません。

そう考えると、SNSでのつながりだけでは弱いことがわかりますね。パソコンに向かっていても人脈は作れません。人脈作りをするために外に出かけるべきです。

これから誰と仲良くなるのか、どのように仲良くなればいいのかという技術をお伝えします。

ただし、人脈作りは、そんなに甘いものではありません。少しずつ経験値を積んでいくことが大切です。たとえば、あなたがソフトバンクの孫社長と急に仲良くなるのは難しいということはおわかりになるでしょう（しかし、まったく無理ではありません）。

人脈作りは資産形成と同じです。だからこそ、長く付き合えるし、あなたの人生に変化をもたらすのです。まず、あなたがやることは、このまま本書を読みつづけること、そして、「すぐにできること」を見つけたら、「すぐに行動する」ことです。

目標達成に必要なキーパーソンを見つけるには？

自分に必要な人はどんな人なのかがわかったら、今度はその人とどうやって知り合うかを考えましょう。つまり、「どこに行けば会えるのか？」、あるいは「知り合うために何をすればいいのか？」ということです。

最も効果的なのはセミナーに参加することです。

セミナーに参加する目的は、第一に勉強をすること、第二にセミナーの講師と知り合いたいということですね。どんなセミナーに行けばいいのかは、自分が得たい情報を提供してくれるセミナーです。

しかし、セミナーに一度参加したら、すぐに人脈が作れるのかと言えば、そんなことはありません。いきなりメイン講師とは仲良くなることはできないでしょう。あいさつをしても、あなたは単なる受講生で、その他大勢のうちの1人でしかありません。

実は、キーパーソンは2人います。1人はメインの人物で、もう1人はメインにつないでくれるナンバー2の人物です。

ここでは便宜上、「ナンバー2」と呼んでいますが、人をランク付けして付き合うと自分の人間性が下がってしまうので、ご注意ください。たとえば、ある調査によると、最も尊敬できない上司の1位は、「人によって態度を変える人」だといわれています。誰とでも公平に付き合うからこそ、人間性の高い人との人脈を作ることができるのです。

とはいえ、「キーパーソン1番」「キーパーソン2番」と呼ぶもおかしいので、ここではあえて「メインキーパーソン」と「ナンバー2（キーパーソン）」と呼ぶことにします。

私がセミナーに参加するときに心がけているのは、「ナンバー2」の人と仲良くなることです。ナンバー2とは、メイン講師の右腕としてビジネスを支えている方です。中には、アイデアを出すのが得意でも、組織を作るのが苦手な講師もいるので、実質的にナンバー2がビジネスの中心になっているということも珍しくありません。実際、ナンバー2はセミナーの参加者のことをよく知っています。

セミナー当日はナンバー2の人も忙しいので、私は別の日にお時間をいただいて会うようにしています。

ナンバー2の人がキーパーソンだということはよくあります。実務の全体像を把握していたり、セミナー講師につないでくれるコネクターの役割をしています。

彼らと仲良くなる方法は、頼まれごとをされるということです。ナンバー2の人は忙しいので、たいていの場合、人手が不足しています。たとえば、セミナーへの集客や当日の準備・運営のお手伝いなど、ナンバー2に頼まれごとをされたときは大チャンスです。

私はホームページ制作業で起業しました。しかし、最初はお客さんはいませんでした。そんなときに、あるセミナー主催者から「ネット集客」を手伝ってほしいと頼まれたことがあります。

将棋の羽生善治さんを招いた講演会で、1500人規模の会場で行なう講演会の集客です。当時の私に集客の経験もノウハウもありませんでした。しかし、「できます」と返答しました。

講演日の1カ月前の時点での入場予定者数は、30人ほどしか集まっていなくて、大苦戦をしました。すると、運営のスタッフの中から1人2人と離れていく人が出てきます。

それはそうですよね。1500人の講演会でたったの30人ですから。集まらなかったときを考えると恐怖です。

しかし、私はあきらめず、全国の将棋クラブや将棋会館に1件1件電話をして関係者にアプローチをしました。近くの学校に電話をして生徒さんに来てもらうようにお願いをしたりもしました。

すると最終的には、500人以上を集めることに成功しました。

こうした姿を見ている人はいるものです。この件があってから、私はセミナー主催者から信頼される人間になったのです。

キーパーソンを見つけるための5つのステップ

ここからはキーパーソンの見つけ方についてお話をします。

キーパーソンを見つける方法は次の5つのステップとなります。

ステップ1　自分のゴールを明確にする

あなたは自分が進んで行くゴールを設定しているでしょうか。人脈を作るためのキーパーソンを見つけるために行なう最初のステップは、自分のゴールを明確にするということです。

すでに何かビジネスをやっている人であれば、

・どのようにしたいのか
・どのくらい稼ぎたいのか
・どうなっていきたいのか

を明確にしてください。

目標は中長期と短期で立てるとよいでしょう。

私の場合、中長期目標としては、40歳のときに「50歳までに社員30名の会社組織を作る」という目標を立てました。短期的には売り上げアップです。

ビジネスの目標を決める場合、期日や金額は具体的であるほどいいですね。ゴールを設定することで、それを達成するために、どんな人に協力をしてもらえばいいのかが明確になります。キーパーソンは、あなたの目標達成に最も強く力を貸してくれる人です。

しかし、ゴールが決められず、キーパーソンがわからないという場合もあるでしょう。もし、ゴールがわからなければいろいろなことをやってみることをおすすめします。やりたいと思うことをどんどんやってみてください。やるうちに得意なことが見つかりますし、得意なことをやっていけば、ゴールは必ず見つかります。もしそれが好きなことであれば理想的です。

しかし、私も偉そうなことは言えません。私の場合、突然、思いつきのように会社を辞めました。退職後の準備ができていたわけではありませんし、ゴール設定もしていませんでした。

そのため、「自分がこれから何をしていきたいのか？」「自分がどのようになりたいのか？」を会社を辞めてから考えはじめることになりました。

ただ、元々プログラマーの学校を出ていたこともあり、Ｗｅｂ関係の仕事がしたいと思っていて、それをやってみたのが結果的にはよかったと思います。会社員時代は営業マンでしたから、Ｗｅｂ制作の仕事をした経験はありませんでした。

結局、最初の数年間は人脈作りをして、仕事が軌道に乗るまでに3～4年かかりました。

ですから、まずあなたが辿り着きたいゴールを決めて、必要な人脈作りを今すぐに始めれば、私なんかよりもずっとショートカットできると思います。

ステップ2　自分の壁を取り払う

人間には無限の可能性があるという話を聞いたことがあると思います。しかし、「自分の可能性は無限だ」と考える人は多くはありません。

これが自分の作っている「壁」ですね。壁があると、自分ができることもできなくなってしまいます。

そんなときにおすすめしたいのは、自分の可能性について考えないことです。自分には才能がないとか、人脈がないとかはいっさい考えない。

だって、人生どうなるかはわかりませんよね？

たとえば、明日死んでしまうかもしれませんし、宝くじに当たって大金持ちになるかもしれません。でも、人間はどうしても、今の延長の未来を想像してしまいます。

自分の可能性を広げるためには、自分で作っている見えない壁を壊すことが大切です。とはいえ、必ずしも壁を自分で壊す必要はありません。あなたの壁を壊してくれる人を探してもいいのです。ですから、自分にはどのような人が必要なのかを考えることについても、制約はかけないほうがいいでしょう。

ときどき「自分には売りがない」と言う人がいます。しかし、売りがないはずはありません。ないと思っているだけです。こうした思い込みが壁の正体です。

試しに、友だちに「私の才能ってどんなところだと思う？」と聞いてみてください。思いもよらないアドバイスをたくさんくれると思います。

たとえば、今私はこうして人脈術の本を書いていますが、書く前は自分が人脈術に優れているなどとはまったく思ってもいませんでした。本を出したいと思って、周りの友人たちに「どんな本を書いたらいいかな？」と相談したら、「そりゃ、人脈でしょ」というアドバイスが返ってきました。

その後、編集者さんを紹介してもらい、トントン拍子に本書の出版が決定したのです。つい、数年前まで自分が本を出版をするなんて考えてもいませんでした。しかし、すでに本を出している人たちとの人脈がたくさんあったので、自然と出版に対するハードルが下がっていたのだと思います。

これまでの経験で自分はこんなものだろうと思ってしまうのは、ほとんどの職場では、決められたこと以上の仕事を求められないからです。

仕事の幅をどんどん広げていけば、能力が開花する場合も多々あるでしょう。ただ、学校やサラリーマン社会では、規律が重んじられるので、個性を出しにくいのも事実です。

「何をしていいのかわからない」と言う人は、人から依頼される仕事に慣れきってしまっているだけです。また、「やりたいことがない」と言う人は、自分の可能性にフタをしています。そして、「一生懸命やったところで給料は変わらない」と考える人は、他人に期待をしすぎています。

こうした考え方も、見えない壁の正体なのです。壁は自分の中にあります。物理的に

は存在しません。これに気づいて考え方を変えれば、一瞬で壁を壊せることはおわかりただけるでしょう。
ノミは、天井にフタをしたケースの中にいると、本来跳べる高さすら跳べなくなってしまいます。しかし、天井のフタを取り払うと、ケースから飛び出すほど高く舞い上がることができるのです。
ちなみにこのノミの話は、昔読んだ『鉄拳チンミ』というマンガに出てきた、主人公チンミのライバル、シーファンの師匠であるソシュウ禅師がチンミに伝えたことで、「おのれに限界を作るな！」ということのたとえとして出てきました。この話を読みながら、子どもながらに「自分の可能性を信じよう」と思った記憶があります。

ステップ3　同じ志を持つ人を見つける

これまでやったことのないことをやろうとすると、誰でも躊躇(ちゅうちょ)します。それで、いざやろうとすると、周囲にいる人の多くは肯定的な意見を言ってくれません。たいていの場合、自分の周りにいる人のほとんどは、あなたのやろうとしていることに反対します。その理由は簡単で、あなたの周囲にあなたがやろうとしていることをやっている人がいないからです。「わからないことは危険」と認識するのは、人間の防衛本能です。

私も会社員時代は、定年まで勤めようと思っていました。起業なんて怖いと思っていました。とはいえ、偶然（というか、突発的に）会社を辞めてしまったので、40歳すぎのただのおじさんに条件のいい転職先などないだろうと思って、仕方なく起業をしました。

今から考えれば、もっと早く起業しておけばよかったとすら思います。

すでに起業している人に聞くと、「起業したほうがいいよ」と言うでしょう。それに対してサラリーマンの人に聞くと、「やめておいたほうがいいんじゃないか」と言うでしょう。

あなたが何かを新しいことをやろうとしたときには、「やめたほうがいいよ」と言う人が必ず出てきます。俗にいう「ドリームキラー」で、他人の成長を止める存在といわれています。

ただ、1つ付け加えておきたいのは、ドリームキラーは悪人ではないということです。あなたのことを本気で心配してくれている場合も少なくありません。ですから、「やめたほうがいいよ」と言う人が出てきても、その人の意見はそうなんだなと、受け止めてください。逆の言い方をすれば、相手からは、あなたには何か足りない部分があるように見えているのです。こうした忠告を助言、応援と捉えてください。

あなたがブレずに進んでいくと、こうした人の考えが変わることもあります。「独立なんか失敗するに決まっている」と言っていた人が、あなたがうまくいけば、「俺もやろうかな」などと言い出すということはよくあります。もし、相手が変わらなければ、関係は自然と疎遠になっていきます。

ドリームキラーではなく、**あなたのやろうとしていることを応援してくれるマインド**

の高い人を見つけましょう。

どんな方法でも良いのです。知り合いに紹介してもらうのでもいいし、あなたが知り合いたいと思っている人がセミナーをやっているのであれば、そのセミナーに参加するのでもかまいません。あなたのことを応援してくれる、そして、志の高い人と会うようにしましょう。

起業していない人に起業の相談をしたら、否定的な意見が返ってくるのは当たり前です。相談する人を選びましょう。**何かをやりたいと思うなら、実際にそのことをやっている人に相談するようにしてください。**

ステップ4　キーパーソンのことを調べ尽くす

キーパーソンを特定できたら、次はその人とつながる方法を考えます。

人脈は、あなたの人生を大きく変化させます。しかし、絶対に誤解してはいけないのは、他人を利用するための関係ではないということです。人脈の手段としてではなく、1人の人間としてその人に興味を持って、リサーチします。

自分に必要なキーパーソンを見つけたら、その人のことを調べます。ビジネスに対する考え方や趣味、好きな食べ物から家族構成など、相手に興味を持つことから始めます。たいていの人は、インターネットで情報を発信しているので、検索すればすぐに情報は得られるはずです。

ナンバー2もキーパーソンなので、同じように情報をリサーチします。ナンバー2が情報を発信していない場合は、フェイスブックを使います。友達申請をして友達になれば、どんな日常を送っているのかがわかります。

ナンバー2の存在は大きく、メインのキーパーソンが「室井さんをどう思う？」と相談したときに、ナンバー2が「とてもいい人ですよ」と言ってくれれば、話が前に進みます。

人脈作りは、人によって態度を変えないことが鉄則です。メインのキーパーソンとの人脈を作るために利用するのではなく、まずナンバー2との関係をきちんと構築します。あなたが相手に興味を持ち、人脈になってほしいと思うのと同じように、相手にもあなたに対して興味を持ってもらわなければなりません。そのための最初の一歩は、自分が相手に興味を持つことなのです。

ステップ5　あなたの名前と顔を覚えてもらうには？
～キーパーソンが喜ぶ話をする

人間誰しもホメられるとうれしいものです。それがたとえお世辞であったとしてもです。世の中に、とってつけたようなお世辞を言う人が多いのは、それまでの人生で、たとえお世辞であってもホメれば相手は喜ぶという経験があるからです。もちろん、あなたはお世辞を言う必要はありません。心の底から相手をホメることを心がけてください。

さて、実際にキーパーソンと会うことができたら、それまでに調べ上げた情報の中から、その人の興味を引くことを話します。たとえば、本を出版しているのであれば、本を読んだ感想を伝えたり、動画を配信していたら、見た感想や自分の意見を話してみます。

本の場合、同じ時期に2冊出版しているようであれば、2冊とも持って行くほうがいいでしょう。たいていの人は1冊しか持って行きません。ですから、2冊持っていると、それだけで差別化がはかれます。また、本にところどころ付箋(ふせん)を貼っておくことで、ちゃんと読んでいるというアピールにもなります。

そしてキーパーソンに興味を持ってもらうためのアピール方法を考えてください。

たとえば、直接本人に感想を伝えるのではなく、ナンバー2に感想を言うことも効果的です。「○○さんがこんな感想を言っていましたよ」と第三者を通じて話してもらうと、あなたの価値はさらに上がります。

コラム column

最初のキーパーソンとの出会い

キーパーソンについて、いろいろお話してきましたが、実際の話、キーパーソンはそう簡単には見つかりません。

キーパーソンを見つけるべく、私はお会いする方1人1人に興味を持ってお話しさせていただき、とにかくいろいろ質問してさまざまな情報を聞き出しました。

話を聞いているうちにその方の本心だったり、やりたいこと、好きな食べ物などさまざまな情報を知ることができました。そうした中で、私が目指していることに興味を持ってもらえるか、もしくは、協力してもらうことが可能かどうかを見極めることができるようになりました。

一見、人を品定めしているように感じるかもしれませんが、ビジネスを最短で成功させるには、多少のしたたかさは必要です。

さて本章の締めくくりとして、私が人脈構築に目覚めるきっかけとなった、初めてのキーパーソンの方と出会ったエピソードをお話しましょう。

これまでもお話しした通り、独立当時、仕事がまったくなかった私は、とりあえず人と会うことから始めようと考えました。そんなとき、たまたまSNSで近所に住んでいた造園業の社長さんとつながることになりました。ご近所さんなので、早速、会ってお話ししましょうということで、数日後に約束を取り付けました。

ところが当日、約束の時刻になっても先方はいらっしゃいません。30分がすぎ、1時間待っても現れず、「もう来ないだろう」と思っていた頃に連絡が入りました。

前日に降った雪の影響で仕事が重なり、連絡が遅くなったとのこと。

ふだんであれば、そんなに待たされたら文句を言って帰っていたのですが、その頃の私はワラにでもすがりたい思いだったのでしょう。結局、約束の時刻から2時間ほど遅れて会うことになりました。

お会いして話してみると、さまざまな部分で私と共感するところが多々あり、すぐに意気投合し、それからは、頻繁にお会いする親しい仲になることができました。

先方は私よりも年下でしたが、さまざまな業界にお顔も広く、いろいろな方をご紹介していただけました。ご紹介いただだいた方からＷｅｂ制作のお仕事を受注したこともありました。まさにここから私の人脈構築がスタートしたと言っても過言ではありません。待たされたときに怒って帰ってしまったらこのご縁はなかったのかと思うと、人の縁というのは不思議なものだなとつくづく思います。

その社長さんとは、今でも良いお付き合いをさせていただいています。

Chapter 3

第3章 コネや実績がなくても成功者と親しくなる方法

成功者とつながることで人生は大きく変わる

あなたにとって成功者とはどんな人でしょうか？

私が考える成功者の定義は、**「経済的に不安がなく、ビジネスや人生に決定権がある人」**です。こうした人は、あなたの先を行っていて、あなたが欲しいものを持っています。成功している人は、成功するにふさわしい行動を常にとっています。そうした行動の1つ1つが私たちの人生の参考になります。

成功したいと思うなら、成功者のしていることを真似るのが近道です。たとえば、成功者が読んでいる本がわかるようであれば、すぐに買って読みましょう。あるいはご本人が紹介してくれた本があれば全部読むのは当たり前で、その関連書にも目を通すといいでしょう。

また、じっくり観察して、その人が使っているのと同じもの（ペンなど）を持つこともおすすめします。同じものを持っていると、「気が合いますね」という話になりやすいですし、人間は不思議なもので、相手との共通点が多ければ多いほど、その相手に対して親近感を抱きやすくなります。そうすることで、より短い期間で濃い人間関係を作ることが可能になります。

成功者はすでに素晴らしい人脈を構築しています。だから、成功者と仲良くなることで、その成功者の人脈も使わせてもらうことが可能になります。そうなると、自分のやりたいことが格段に早く叶えられたり、手がけるビジネスの規模も大きくなっていきます。また、それにともない必然的に収入も増えていくので、当然、人生は大きく変わります。

しかし、成功者とつながることができる機会はそれほど多くはありません。チャンスは絶対に逃してはいけません。

もし、成功者からお願いごとをされる機会に恵まれたら、全力でやり切る覚悟を持ってください。

チャンスの神様には前髪しかないんですよ！

考える余裕はありません、二つ返事で「やります！」と答えましょう！

つながりたい成功者からの仕事ではなく、ナンバー2からの仕事依頼であっても同じことです。成功者とつながるためには、周囲のスタッフ全員と仲良くすることを心がけてください。彼らはセミナーの出席者のことを知っているし、お客様のこともよく知っています。

セミナーのお手伝いなど、彼らから振られた仕事も全部やってください。

もしセミナー当日に予定があり、あなたがどうしても行けないというような場合は、友人にお願いをして、代わりにセミナーの手伝いに行ってもらうなどの対応をして、絶対にチャンスを逃さないようにしてください。

どうしたら成功者とつながれるのか?

成功者と呼ばれる人は、おそらく〝今のあなた〟の近くにはいません。また、あなたがよく行く場所にもいません。それはかつての私も同様でした。

ふだん自分が行かない場所に成功者がいるのなら、その場所に行くしかありませんね。行き慣れない場所に行くと、最初は居心地が悪いものです。

人にとって居心地のいい場所を「コンフォートゾーン」といいます。コンフォートゾーンは、「安全領域」や「快適領域」と訳されます。要は、私たちがストレスや恐れ、不安を感じることがなく安心してすごせる環境のことです。この話をすると、「会社に行くとストレスになるので、会社は私のコンフォートゾーンではありませんね」などと言われることがあります。

その通りではありますが、コンフォートゾーンを抜けるときに厄介なのが、「人間は変化を嫌う」ということです。

たとえば、会社に行くのが本当にストレスであるなら、会社を辞めればいいだけです。しかし、辞めたあと、次の環境ではどんなことが待っているのかはわかりません。会社に不満はあるけれど、辞めたあとにも不安がある。この場合、会社に対する不満は、先行きのこともおおよその想像がつくので、不安は感じません。不満と不安を天秤にかけて、会社にいるという選択をした場合、仮に会社の現状に対してストレスを感じているとしても、会社がその人にとってのコンフォートゾーンになっていると考えられます。

ある程度成功している人は、自分の場所を大切にしています。お金を持っているからお金のかかる場所にいるというわけではありません。

たとえば、成功者が街中のカフェではなく、ホテルのラウンジで打ち合わせをするのは、静かなので、落ち着いて話ができるからです。高級なお店に行くのは、相手との食事の時間を有意義にするためにです。

お金のあるなし以上に、成功者は自分と周囲の人たちを大切にしているのです。

皆さんの中には、「私は高いお店ではなく、大衆居酒屋のほうが落ち着く」という人もいるかもしれません。だからこそ、あえて落ち着かないお店に行くことで自分のコンフォートゾーンを抜けるのです。

自分よりマインドのステージが上だと思える人たちの輪に入ると、自分のマインドも上がっていきます。そうしたら、さらに高いマインドの人たちの輪に入る。これを繰り返すことで自然と成功者とつながっていきます。

要は「環境が人を作る」のです。また、逆に言えば、人は環境に作られてしまっているのです。自分を変えるためには、まず環境を変えてしまうことをおすすめします。

たとえば、通い慣れたお店よりも料金の高いお店に行くと、雰囲気や支払う金額に居心地の悪さを感じるかもしれません。そのときは、「環境が変わっている」のだとプラスに捉えてください。高いお店には、高いお店なりのルールがあります。物理的な演出はもちろんですし、お客様もそのお店のレベルに合った人が集まるようになっています。

ぜひ、これまでとはレベルの違う体験をしてみましょう。

もし自分より格上の方に、ふだんは行かないハイレベルのお店に連れて行ってもらったら、次は1人で行ってみましょう。きっと学ぶことがあるはずです。

別に散財をすすめているのではありません。**人生を変えるために環境を変える、そしてお金の使い方を変える**のです。私は、会費3000円の飲み会に3回行くよりは、1万円の飲み会に1回行くほうが有益だと思います。

「また会いたい」と思ってもらえる人になるための2つの方法

会った瞬間に意気投合して、一生の友だちになる――そんなこともなくはないでしょうが、普通、相手がどんな人かわからないときは、付き合いながら相手のことを確かめますよね。ですから、初対面でいきなり深い関係にはならないと考えておいてください。

逆に言えば、初対面で「この人といっしょに仕事がしたい」「この人の話を聞きたい」と思われるようになれば、圧倒的に良質な人脈を作ることができます。

また会いたいと思われるためには、次の2つの方法があります。

1　特定分野の専門家になる

人は特定の分野に深い知識や考察力がある人を見ると、その人がほかの分野でも同じように深い知識や考察力があると錯覚します。これを「認知バイアス」といいます。

たとえば、養老孟司先生は、解剖学の専門家です。しかし、テレビのコメンテーターとして、解剖学以外の意見を求められることがありますよね。養老先生はご自身の専門分野を軸に秀逸なコメントや見解を出されます。一度仕事をしたテレビのプロデューサーはもちろん、養老先生のコメントを聞いた別のプロデューサーも養老先生に仕事を頼みたくなるでしょう。

2　幅広い分野の知識を持つ

「この人は何でも知っているな」と思うと、相手はついついその人の話を聞きたくなります。典型的なのは、カリスマ予備校講師から転身し、現在では看板番組をいくつも持っている林修先生です。林先生は「なんでそんなことを知っているの？」と思うほど、幅広い見識があり、面白おかしく話をしています。聞いている方は知らないことばかりなので、「もっと話を聞きたい」と思います。

この2つの方法は、どちらがいいということはありません。自分に合ったほうを選んでいただければいいと思います。もちろん、両方を兼ね備えてもかまいません。

私の場合は、両方を兼ね備えるように日頃から心がけています。

私はインターネットマーケティングの専門家です。ビジネスで会う人は、インターネットを使ってビジネスを加速させたいと思っている人が多く、集客の方法などをお話しすると強い興味を持っていただけます。あわせて、相手の分野の話にも合わせることができるように、日頃からさまざまな分野における情報収集を欠かしません。

専門知識があり、ほかにもこの人に聞くとなんでも知っていると思われることがポイントです。そのために、日頃のインプットが重要になります。ジャンルを問わず、さまざまな最新情報を手に入れておきましょう。

情報集めにはインターネットを活用しましょう。ほとんどの人は自分の関心があることだけをリサーチしますが、興味の範囲外のこともリサーチするといいと思います。

特に、世間の興味のあることやよく出そうな話題は知っておくほうがいいですね。ネットニュースはジャンルごとに情報を分けてくれているので、すべてのジャンルに目を通しておきます。最近では、スマートフォンでニュース配信をしているサイトも増えたので、移動時間やスキマ時間も情報収集に使うことができます。

情報収集方法は、グーグルで検索するのでもいいのですが、最近では、インスタグラムやツイッターで情報検索をする人も増えているようです。私は、グーグル検索とツイッターをメインに情報収集を行なっています。ツイッターはリアルタイムで情報がツイートされるので、最新情報を入手するのに向いています。

そのほかにもピンタレスト（Pinterest）というSNSも活用しています。ピンタレストは画像をメインに情報収集できるので、見ているだけでも飽きません。また、自分が興味を持ちそうな情報をアプリが学習して自動的に表示してくれるので、海外のWebデザインの最新トレンドなども発見できたりして大変重宝しています。

いったん情報通だと認識されれば、いろいろな人がいろいろなことを聞いてきます。

そうした問い合わせに適切に答えていくと、信頼性が高まります。そして、もし知り合いが、自分が入手した情報を欲しがっているのを知っていたら、すぐに連絡して提供します。

また、相手が誰か専門家を探しているというのであれば、自分の知り合いの専門家を紹介します。知り合いの中にいなければ、ネットで探してでも紹介します。

情報を持っているということは大きな強みです。とにかく情報を集められるだけ集めておくと便利です。

人脈構築において聞き上手は最強の武器になる

専門分野の情報集めに時間がかかるという人は、話し相手から情報をもらうという方法も有効です。

相手から有益な情報を引き出すためには、こちらが聞き上手になる必要があります。

聞き上手になる方法は、私が会社員の頃に学びました。あるとき、売れる営業マンほど、実はあまり話していないことに気づいたのです。

一般的には、セールストークがうまい人が売れる営業マンだと思われています。しかし、実際は、**売れている営業マンほど、自分が話すよりも、お客様の話を聞き、要所要所で的確な話をしている**のです。それに気づいたのは、ある先輩との同行がきっかけでした。

営業マン時代、常にトップの成績をあげている先輩がいました。怖い顔をしていて、押しが強いので（あくまで私の印象です）、冗談ではなく、お客様を脅して売っているのではないかと思っていました。

しかし、先輩の営業スタイルはまったく予想と違いしました。

その先輩から「最強の営業マンは、最強の聞き上手だ」と言われたことがありました。最強の聞き上手な営業マンは、自分からはいっさい何も売り込まず、お客様の話をひたすら聞いて、お客様が本当に求めているものを見極めて、目の前に差し出す、すると何も言わなくても買ってくれるのだと教わりました。

お客様　「実はこんなことに困っているんですよ」
営業マン「そうですか。では、こんなものはいかがですか?」
お客様　「いいですね、まさにそれが欲しかったんです」

という展開です。
売れない営業マンは、逆のことをしています。

営業マン「こういう商品があるんですよ。機能は最新で、今ならキャンペーン価格になっているのでお買い得ですよ!」
お客様　「間に合っているんで、けっこうです」

という具合ですね。
これは人脈の構築においても同じです。まずは相手の話をひたすら聞いて、相手の求めている情報を提供したり、人材だったり、サービスを紹介してあげることで、相手は、あなたという人間のファンになります。

不満やグチは聞いていると疲れますが、聞いてあげると、相手はあなたを信用します。いっしょになって、あなたも不満やグチを言うのでなければ、それほど悪いことではありません。

また、相手の知りたい情報があれば、自分から先にその話題を振るという話法もあります。たとえば、相手の兄弟のことを聞きたい場合、「私には弟がいまして……、その弟が先日……」と、自分から切り出します、すると相手も自然に兄弟の話をしてくれます。

これは、相手の情報を知ったら、自分も情報を返さなければいけないと思う「返報性の法則」を応用したものになります。コツは、**自分から聞きたい話を切り出す**ことです。そのあとは、自分のことを話さなくても、その話題をきっかけにさまざまな情報を引き出すことができます。

車の営業マンだったときも、「私も車を買い替えようと思っているんですけどね」と言うと、お客様が買い替えに対してどう思っているのかがわかりました。

結果的に聞き上手は提案力があるということです。

私がお客様に車を提案しに行くと、お客様から「室井さんは私が欲しい車をよくわかっているね」と言われたことがありましたが、それは私が相手の心を読むことができる読心術を会得していたからではなく、事前にご本人からいろいろな情報を聞き出していたからなんですね。

人脈作りで犯してはいけない4つのタブー

次は、人脈作りでやってはいけないタブーについてお話しします。人脈はある程度時間をかけないとできないものですから、焦る必要はありません。本書でお話しする内容を実践して、徐々に強い人脈を作ってください。

とはいえ、ピンチの状態にある人は、どうしても焦ってしまい、これからお話しする4つのタブーを犯してしまいがちです。焦っているときほど、次の4つのタブーに注意してください。

タブー1　いきなり自分を売り込む

コミュニケーションは、常に相手に興味を持つことが先です。自分に興味を持ってほしいからといって、自分を売り込むと引かれてしまいます。

あなたは、お店で店員さんに強引にすすめられて、欲しくもないものを買わされそうになった経験はありませんか？　たとえば、洋服を買おうとお店に入ると、すかさず店員さんが横にやってきて、「どんなものをお探しですか？」と聞いてくる。そんなことをされると、お店を出たくなりますよね。

また、聞いてくるだけならまだしも、いきなり「これを買ったほうがいいですよ」なんて言われたら、驚いてしまいますよね。初対面で、積極的に自己ＰＲをするのは、こうしたお客様に嫌がられる行為と同じことです。

信頼関係が構築されるまでは、絶対に自分を売り込まない（仕事を頼んだり、依頼したりしない）ようにしましょう。信頼関係ができていないときに、「いっしょに仕事をやりましょう」はありえません。たとえ相手が「いいですね」と言ったとしても、ほとんどの場合は本心ではありません。

紹介されて会ったら、すぐに仕事がもらえるという考えは甘いです。

仮に「仕事をください」と売り込んで、仕事をすることになっても、立場は相手が上です。私は、先方から言われるまでは仕事の話をしません。ですから、常に条件は対等で売り上げも折半という良い関係を継続することができます。

タブー２　くれくれマインドになる

成功者はあなたが持っていないものを持っています。欲しい気持ちはわかりますが、そんなそぶりを見せてはいけません。

相手のほうが成功しているような場合こそ、タダで情報をもらったり、タダでごちそうしてもらったり、なんでもタダでもらう気持ちで接しないことが大切です。「成功してるんだから、自分に少し還元してくれてもいいだろう」などと絶対に思わないことです。これはただの善意の搾取になります。ときどき、このような「くれくれマインド」の人がいますが、こういう人は絶対に成功しません。なぜなら、この手の人は自分が豊かになると、とたんにケチくさくなるような狭量な性格だからです。

また、**貸し借りはすぐに清算することをおすすめします。**仮におごられっぱなしのままだと、相手に対して遠慮してしまったり、気をつかってしまい、本音を話せなかったりします。また、こちらが提供してばかりでも相手に対して不満が生まれる可能性があります。

ですので、お互い常にフラットな関係になっていることが理想的です。

もし、おごってもらったら、近いうちにおごって返します。情報を教えてもらったら、相手の参考になるような情報を返す。ドンピシャな情報でなくても、相手は感謝してくれます。こうしてフラットな関係にしておくことが関係を長く続けるコツです。

タブー3　自分を大きく見せようとする

初対面のときは、まず自分が相手に興味を持ち、そのあとで相手に自分に興味を持ってもらうというプロセスが大切です。そんなときに、相手や自分の話ではなく、「○○さん（有名人、有力者）と仲良くさせてもらっています」という話は持ち出さないほうがいいでしょう。一見、自分を大きく見せることに有効なように思えますが、相手のあなたに対する関心は薄れてしまいます。たとえば共通の知り合いがいる場合でも、さらっと話す程度で、その人との関係性を詳しく話す必要はありません。

ときどきSNSのプロフィール写真に政治家や財界人などとのツーショット写真を掲載している人を見かけます。自分を有力者っぽく見せるのが狙いだと思いますが、見た人は「ミーハーな人だなあ」という印象を持つことのほうが多いと思います。

タブー4　意味のない人を紹介する

人脈を作る最中も、人脈ができてからも、注意しないといけないことがあります。

それは、**むやみに人を紹介しない**ことです。

あなたが有名人になったり、有名人との人脈ができれば、「紹介してほしい」という人がたくさん出てきます。そうした依頼をむやみに引き受けて紹介を続けると、相手にとって意味のない人を引き合わせるケースが増えてしまいます。それは、相手の時間をムダにしているわけですから、あなたからの紹介を嫌がるようになってしまうでしょう。

たまにいるのですが、「とりあえず会ってみて」と言われたから会ってみると、まったく自分のビジネスと関係のない仕事をされている方だったりします。とりあえず、誰でもいいから紹介するというのは、紹介される側も紹介してもらった側も迷惑です。紹介は頼まれたときだけにするほうがいいでしょう。紹介する場合は慎重に人を選んでください。

紹介してほしい人が明確になっている場合にのみ、相手の要望に応えられる人を選んでください。万が一、心当たりがない場合は、引き伸ばさず、速やかに断ったほうがいいでしょう。**紹介は、相手と紹介者とあなたの三方がウィンになるトリプルウィンを心がけてください。**

誰とでも仲良くなれる3つのステップ

次は、誰とでも仲良くなれる方法をお伝えします。もしかしたら、特別なセンスが必要なように感じるかもしれませんが、回数をこなすことでうまくやれるようになるので、ぜひやっていただきたいと思います。

ステップ1　相手を観察する

「観察」という言葉を使うと、人をモノみたいに扱っていると感じるかもしれませんが、あえてこの言葉を使ったのは、相手のことをしっかりと見ていただきたいからです。

コミュニケーションは、言葉を発する前からスタートしているのです。たとえば、占い師が初対面の人に信頼されるのは、占い師がその人の悩みを言い当てるからです。

占い師「どんな悩みがありますか？」
相談者「最近、恋人とうまくいっていないんです」
占い師「そうですか。でも、それはもうすぐ解決しますよ」

などと言っても、相手は信用してくれないでしょう。

しかし、「あなたの悩みは……ではないですか？」と言って、「その通りです。なぜ、わかったんですか？」という状況を作れれば、圧倒的な信頼を勝ち得ることができます。

実は、多くの占い師は、霊感や占いそのもので当てているのではなく、その人を観察して、悩みを推測しているのです。同じように、初対面の人と仲良くなり、信頼されるための第一ステップは、相手を観察することです。

まずは外見を観察します。相手の表情（視線や口の動き）、体の動き（仕草や姿勢など）、話すスピード。特に、話すスピードは頭の回転を表します。

もし、相手が笑顔であれば、好意的だと判断できます。しかし、笑顔の背後に警戒心が透けて見えたら、何か違和感を覚えている証拠でしょう。

姿勢にも心が表れます。たとえば、腕を組んでいるときは警戒心を持っていると考えることができます。

次に言葉。

よく使う言葉やフレーズで、ネガティブなのかポジティブなのか、おおよその性格がわかります。また、こちらが話したことに対する反応も観察します。

そして、持ち物を観察します。相手の身なりや持ち物はその人の趣味を表しています。

このように相手を観察することで、さまざまな情報を得ることができます。

ステップ2　推測（分析）する

得た情報や、態度、持ち物などから相手

のことを分析します。そして、その人の考え方や思考などを推測します。わからなければ、質問をしてその回答を分析したりします。

たとえば、商談のときにこちらが話した内容を聞いて、「先方が不満そうな顔をした」とか「つまらなそうな対応をした」のであれば、「納得していないんだな」とわかります。そして、「どうして不満な顔をしたのか？」「どうしてつまらなそうな顔をしたのか？」を考える必要があります。

仮に、**相手の考えと自分の考えが違う場合でも、〝議論〟をする必要はありません。**ひとまず、**お互いの考え方の違いを受け入れる**ようにしてください。考え方の違いは善悪ではなく、評価するものでもはありません。

また、推測はあくまで推測なので、決めつけないことが大切です。相手の価値観を尊重し、最終的には相手を理解するのが推測の目的です。

ステップ3　信頼してもらう

あなたが相手のことを理解できるようになれば、相手はあなたのことを信頼してくれます。人は自分のことを理解してくれる人を信用するからです。

もし相手から、「あなただから話すのだけど」や「相談したいことがあるのだけど」などと言われるようになったら、あなたはかなり信用されています。

相手の心を開かせるために、自分からプライベートなことをどんどん話していくといいでしょう。こうすることで、相手は自分のことも話さなければ悪いという気持ちになります。先ほど紹介した「返報性の法則」を活用するのです（１０５ページ）。

また、初対面の相手に短時間で信用をしてもらうための究極のテクニックをお伝えします。


それは、小学生時代の話をするということです。


どんな小学生だったのかをお互いに話をすると、昔からの知り合いだったように感じられます。その結果、相手との心の距離が一気に近くなるのです。

思い返してみてください、小学生時代からの友人とは、心から打ち解けていてなんでも話せる間柄ではないでしょうか？　お互いの小学生時代の話をすることで昔からの知り合いのような感覚を相手に持ってもらえれば、一気に信用されますよ。

ぜひ、試してみてください。

相手が自分のことを話すほど、あなたは信頼されます。個人的なことを聞き出せば聞き出すほど「相手の信頼」を得られると思ってください。

「話し下手」は単なる思い込み？
～多くの人が勘違いしている3つの原因

いろいろな方とお会いして感じるのは「自分はコミュニケーションが苦手だ」と思っている人がとても多いということです。こうした人に共通するのは、「コミュニケーション上手は話し上手」であり、「話し下手（の私）はコミュニケーションが苦手な人間だ」という思い込みです。

コミュニケーションは自分が話すだけではありません。聞くことも立派なコミュニケーションです。そもそも双方が話してばかりいたら、コミュニケーションは成立しませんね。

だから、私は話すことよりも「聞く」ことを重要視しています。

とはいえ、話すのが苦手だからといって、まったく話さないわけにはいかないでしょうから、話し下手を克服する方法をお話しします。

結論から言えば、「自分は話し下手である」というのは単なる思い込みです。というのも、これまで私が出会った「私は話し下手です」という人の多くは、自分がいかに話し下手であるかをずいぶんと饒舌（じょうぜつ）に説明してくれます。思わず「なるほど！」と納得してしまうくらいですから、その人たちは話し下手ではありません。

では、なぜ自分は話し下手だと思い込んでしまうのでしょうか？　それには次の3つの原因があるようです。

1　話が伝わらなかった経験がある

過去に「あなたの話はわからない（または、わかりづらい）」と言われた経験が1度でもあると、自分は話し下手だと思い込んでしまうことが多いようです。しかし、本当の話し下手とは、相手に伝わっていないにもかかわらず、話を続ける人のことです。

話が伝わっていないということが理解できていれば改善方法はあります。話が伝わらなかった状況を思い出して、原因を考えてみましょう。

言葉が多すぎた
言葉が少なすぎた
専門用語を使いすぎた

ということかもしれません。

または、相手の理解力が不足していたのかもしれません。

多くの場合は、伝えたいという思いが先行して、相手の状態に配慮できなかったり、相手が本当に聞きたい話ができていなかったことが原因です。だからこそ、**話し下手の克服方法の第一は「聞く」こと**になるのです。

2　流暢に話すことが話し上手だと思っている

次は、滑舌（かつぜつ）良く話せるのが話し上手だという思い込みです。アナウンサーのような話し方は、確かに聞きやすいですが、話の内容が頭に残るかどうかはまた別の話です。古いたとえで恐縮ですが、俳優の高倉健さんは滑らかには話しませんが、ファンの心に残るセリフがいくつもあります。滑舌の良さと話し上手はイコールではありません。

3　相手の反応が予想に反したら動揺してしまう

自分が話しているときに、相手の反応が予想通りでない場合に、伝わっていないと感じることがあります。相手も人間で意思を持っているので、あなたの話をどう受け取るかは相手の自由です。思ったような反応を得られない場合は、「ご不明な点はありませんか？」というように質問をして、相手の考えを聞くことができれば、コミュニケーションのエラーを修復できるでしょう。

自分の強みに気づいたら、突然、人脈の歯車が回り出した

自分では当たり前と思っていても、それがほかの人にとっては、とても貴重なものだったりすることがあります。

私は20年近く営業マンとして仕事をしていたため、初対面の人とコミュニケーションを取るのは、普通の人よりは少しは得意なほうかなと思っていました。営業マン時代には、初対面で仲良くなったお客さんとその日のうちに飲みに行ったこともありました。

独立してから、それを周りにいる人たちに話すと、皆、「信じられない！」とばかりに目を丸くして、驚かれます。そんな自分では当たり前と思っていたことが、実は（他人から見た）自分の強みだったと気づいたのは、本当につい最近のことです。

振り返ると、最初からそんな対応ができていたわけでありませんでした。私もいろいろな人と接するうちに自分の中で、人と仲良くなるコツのようなものを見つけ、それを無意識のうちに実践していたことに気がつきました。

そんな自分の強みを活かして、人脈を作ろうと意識しはじめてからは、最大限の力を人脈作りにつぎ込みました。1人1人丁寧に信頼関係を構築していくことを意識していったところ、人脈が一気に広がるようになりました。

Chapter 4

第4章
心理学を利用して仲良くなるテクニック

ふだんの生活で使える心理テクニック

この章では、心理学を利用して人と仲良くなる方法をお伝えします。心理学といっても難しい話ではありません。理論よりも、ふだんの生活で使えるちょっとしたテクニックをお伝えします。もしかしたら、皆さんがふだん何気なく使っていることがあるかもしれませんが、理屈を知っていて使うのと、知らないで使うのとでは、その効果も変わってきます。

テクニックは3段階でご紹介します。

初級……信頼を得るために人としての基本的な姿勢
中級……信頼関係を構築するためのコミュニケーション術
上級……信頼を深めるテクニック

心理テクニック〈初級編〉

1　まずは笑顔であいさつ　～あいさつの威力を侮らない

まずは、初対面の人には笑顔であいさつをすることを心がけてください。

「えっ？　いやいや室井さん、笑顔であいさつすることのどこが心理学なんですか？」

という声が聞こえてきそうです。

そんなことを言っている人には、

「笑顔が相手に与える影響力を知らないからそんなことが言えるんですよ」

と言い返しておきます。

笑顔は最大の武器になります。笑顔で話しかければ相手からも笑顔が返ってきます。

最近の研究では、人間に限らず、猿でも笑顔でコミュニケーションを取るといわれています。つまり、笑顔は最大の武器なのです。

もし、自分は笑顔が苦手だと思っている方は、今すぐ鏡の前で練習を始めてください。そのときは、歯が見えるまで笑うことがコツです。笑顔は訓練で作ることができます。

笑顔には相手の警戒心を解く心理効果があります。

たとえば、誰かが無表情であなたにどんどん近づいてきたら、あなたは相手を警戒するでしょう。しかし、笑顔であいさつをしながら近づいてきたら、緊張感がゆるみ、「あれっ、知り合いだったかな？」と思うのではないでしょうか。

笑顔には相手をリラックスさせる効果があるのです。

たとえば、初めて取引する会社との商談が決まり、担当者とお会いした際、笑顔であいさつをしてみてください。きっと先方も笑顔であいさつを返してくれるでしょう。笑顔になることで緊張が解けるので、お互い自然体で話ができるようになると思います。

また、たとえ会話がうまくできなくても、笑顔であいさつをするだけでパワフルなコミュニケーションになるのです。あいさつするときに笑顔になっていない人はけっこう多いですよ。

2 相手よりも先に行動する〝先手の極意〟

仮に、あなたが人見知りだったとします。できることなら、相手から話しかけてほしいと思っています。そんなとき、本当に話しかけられたら、うれしいと感じるはずです。

もし、相手の方が人見知りだったとしたら、同じ気持ちになっているはずです。そんなときに、あなたから話しかければ、それだけで相手はあなたに感謝します。相手が何かをしてほしいと思ったときに、その要望に応えてあげることがコミュニケーションの鉄則です。

また、**あなたが先にあいさつをすることで、その場をあなたが支配しているという空気が生まれます。**結果、優位に立てます。

特に商談などでは、その場の主導権をどちらが握るかによって、結果が大きく変わってきます。人間関係を良くしたいときも、主導権を握っているほうが親しく接することで、自然といい関係性を作ることができます。なお、あいさつをするときに、先に名刺を渡すことも効果的です。

また、力強いあいさつは「パワーシェイクハンド」と呼ばれ、コミュニケーションを円滑にして、あわせて主導権を握ることができます。

具体的には、右手で握手をして左手を相

手の右ひじに添える感じで触ります。そうすることでこちらが主導権を持つ立場になります。アメリカの大統領がよくやっているので、ニュースなどで見たことがある人もいるのではないでしょうか。

これからは、相手よりも先に行動することを意識してみてください。

3 相手の話を徹底的に聴く「優秀なカウンセラー」になる

人間関係を良くしたいのであれば、これまでもお話したように相手に興味を持つことが大切です。**「興味を持つ」とは、先入観なしに相手の話を聞いてあげることです。**

「優秀なカウンセラーは傾聴する」といわれます。「聴く」とは、辞書に「心を落ち着け、注意して耳に入れる」とあるとおり、意識して耳を傾けることをいいます。

自分が話すことではなく、相手の話に意識を向けることで、相手のことが理解できます。そして、自分の話を聞いてくれているあなたに、相手は好意を持ちます。

友人と会話をしているときのことを思い返してみてください。

相手が話しているとき、相手の話を聞くふりをしながら「次に何を話そうかな」などと考えていませんか？　その間は、相手の話は耳に入ってはいますが、深く理解できてはいないのではないでしょうか。

そうではなく、相手が話をしているときは相手の話に集中することが大切です。相手を理解しようと思いながら話を聞くことで、相手も「自分の話を真剣に聞いてくれるこの人はいい人だな」と思ってくれるようになります。

4　相手を喜ばせるための重要な心得とは？

相手の話を聞いていると、相手が好きなことや期待していることがわかってきます。

次は、相手に対して自分に何ができるかを考えます。どうしたら喜んでもらえるかを考えることは、どうやったら相手にメリットを与えられるかを考えることにつながります。

何をすれば相手が喜ぶのかわからないときは、相手が困っていることを考えてみてもいいでしょう。

たとえば、ビジネスにおいては、ほとんどの人が集客に困っています。ならば、集客ができる方法を相手に教えてあげれば、きっと喜んでくれるでしょう。

仮に集客ができていても、集客から販売までの仕組みができていないことに課題を抱えている場合もあります。そんなときにも方法をアドバイスするといいでしょう。

このときの注意点は、押しつけないことです。「たとえば、こんな方法もありますよ」と言うくらいにとどめておいて、相手がもっと詳しく聞きたいという意思を示したら、そこで初めて詳しい話をしてください。

5　相手の気分を一気に上げるリアクションのテクニック

相手と話をする場合、たいていの人はあまり大きなリアクションをしません。だいたい「うん」や「へー」など、ありきたりのリアクションで返しています。

そうではなく、**少しオーバーすぎるくらいのリアクションを返すことで、相手も喜んでくれますし、その気になって、ふだん話さないことを話してくれたりします。**なぜなら、話している本人が楽しんでいるからです。相手に楽しく話してもらうようにするのも大事なテクニックです。もし「この人と話すと楽しい」と思われるようになったらシメたものです。

私が大好きな明石家さんまさん――以前、街角ですれ違ったことがあるのですが、そのときは緊張しすぎて声がかけられませんでした。

さんまさんは言わずと知れたトークの達人ですが、その理由はリアクションにあると私は思っています。さんまさんのトーク番組を見ているとわかりますが、さんまさんはゲストのトークに対して必ずオーバーリアクションで反応をしています。

あれは、わざとオーバーリアクションをすることで相手が話しやすいように気分を乗せてくれているんですね。そのおかげでゲストの方も話していて楽しいのだと思います。この雰囲気がテレビから伝わってき

てますよね。

6　人生を変える魔法の習慣　～否定的な言葉は絶対に使わない

脳の構造は、発した言葉に合わせた情報を引き寄せるようにできているそうです。たとえば、

「なぜ、できないのか？」

「どうすればできるのか？」

という2種類の質問があります。

状況は、今ある状態をいい方向に導きたいという想いです。

このとき「なぜ、できないのか？」と考えると、できない理由が頭に浮かびます。一方、「どうすればできるのか？」と考えると、解決策が浮かんできます。

つまり、状況や目的は同じでも、考え方によって集まる情報が違ってくるのです。人間関係を良好にすることはもちろん、あなたの人生も肯定的な考えをすることで、いい情報が集まります。

ふだんからポジティブな考え方を習慣化することで、いい情報も集まり、良い人脈にも恵まれるようになります。すると、あなたの人生が大きく変わることになります。

実際、ネガティブな人と話をすると疲れます。聞いているほうも楽しくないし、早く話を終わらせたいと思ってしまいます。かといって、こちらがポジティブな話ばかりしても、今度は相手が疲れてしまいます。

しかし、相手をポジティブに変化させようとするのはよけいなおせっかいです。あなたが肯定的な言葉を使いつづけることで、徐々に相手も変化してくるでしょう。

ネガティブな話というのは、なんらかの希望があるのだが、それが満たされていない状態にあるということです。ですから、ネガティブであることを全否定するのではなく、その奥にある気持ちまで汲んであげると、あなたの人間力が評価されます。

7 初対面の相手との距離がすぐに縮まる会話とは?

特に仲良くなりたい相手とは、共通の話題、接点を見つけましょう。出身地、今の住所、出身校、好きな食べ物、友人関係など、あらゆる分野で相手との接点を探す。接点が多ければ多いほど、相手もあなたのことを身近に感じてくれるようになります。

共通点があることで、初対面の人でも圧倒的に距離が近くなります。

共通点を見つけるネタの宝庫は名刺です。名前、住所、会社名など接点を見つけるポイントがたくさんあります。

「ご住所が○○なんですね。私も仕事でよく行きます」とか「珍しいお名前ですね。ご出身はどちらですか？」と聞いて、自分との共通点を探すこともできます。

もしくは、相手の服装などから「お洒落な○○のブランドのジャケットですね、私もそのブランドが好きなんですよ」とか「素敵な時計ですね、私も時計が好きなのですが」などと話をつなげていくのもアリだと思います。

万が一、共通点が見つけられない場合、無理やり共通点を作ってしまう手もあります。あなたが9月10日生まれだとして、相手の誕生日が10月10日の場合、「誕生日が近いですね」という具合です。

共通点が多ければ多いほど、相手はあなたのことを信用してくれます。

8　人と話すことがニガテな人が会話に困らない方法

よく聞くのが、「私は人見知りなので、人と話すのが得意ではない」という話です。かくいう私も人見知りです。ですが、沈黙の時間を作ることがイヤなので、自分から話をするようにしています。

実は、話題のネタなんていくらでもあるのです。今日の天気、相手のファッションやアクセサリー、昨日食べたご飯などなど、話題が尽きたと感じたら、とりあえず目の前のモノを話題にしてもいいと思います。

ネタがないと思い込んだら、ネタは見つかりません。どこかにネタはないかと考えていると、あちこちに話のネタがあることがわかります。

あなたが人に話しかけることができたり、相手の質問に答えることができるのであれば、あなたは人見知りではありません。本当に人見知りの人とは、他人から話しかけられたときに黙ってしまう人のことです。思い込みを捨てて、話題のネタを集めましょう。

もし、**ネタがその場で思いつかないというのであれば、ネタ帳を作っておくのもアリだと思います。**

普通、ネタ帳というと、芸人さんが笑いのネタを記載しておくメモ帳をイメージしますが、ここでいうネタ帳とは、人と会話をするときに使うネタを記載しておく手帳のことです。ふだんから、思いついた会話のネタを手帳にでも書き留めておいて、いざ会話でネタに困ったら手帳を見て話せばいいわけです。

いろいろなパターンのネタを用意しておけば、会話に困ることもなくなると思います。

9 相手に「デキる人」と思われる情報管理のテクニック

初対面の相手であれば、名刺交換をしているので、もらった名刺の裏に相手の情報をメモしておくとのちのち便利です。もちろん、その場で名刺に書き込むことはご法度なので、相手と別れたあとで書いてください。

書く内容は、今日話した内容や、相手の特徴やクセ、よく使う言葉、相手の服装、趣味など、とにかく相手にまつわるあらゆる情報です。次に会うとき、事前に名刺に書かれた情報を見ておくと、話題に困りません。

コラム column

相手の情報を記録しておいたおかげでビジネスにつながった

前回の打ち合わせのときの相手の服装をホメたら、仕事ができると思われ、仕事の契約をいただけたことがあります。

2度目の打ち合わせときに、「先日のブルーのストライプのネクタイも良かったですけど、今日のドットのネクタイも似合ってますね！」と言ったら、「そこまで意識して人を観察しているのは素晴らしい！」「相手を徹底的に観察するのは、ビジネスでは重要なことですね」と、ホメられて仕事の契約につながりました。

ポイントは前回お会いした際の服装や持ち物を覚えていたことです。たいていの人は、他人の服装や持ち物まで気にしていません。それだけに、こういう観察がきちんとできれば一目置かれますし、ビジネスもうまくいきます。

また、観察しつづけることで、相手の好みがわかるようになります。仕事をするうえで相手の好みを意識した情報を伝えたりすることで、よりいっそう仲良くなることができます。

心理テクニック〈中級編〉

次は中級編として、信頼関係を構築するためのコミュニケーション術についてお話しをします。初級編では、まだ知り合った状態でしかありません。ここからが人脈になるかどうかの分かれ目になります。

1　相手の本音を上手に引き出す方法

相手の本音を引き出すためには、自分の本音を話すことが有効です。心理学では、自分の本音を開示することを「自己開示」といいます。

相手から聞きたいことがあったら、まずその質問の回答を自分から話すこと。

たとえば、家族関係が知りたいのであれば、「私は2人兄弟で弟がいるのですが、○○さんは、ご兄弟はいらっしゃるのですか？」というふうにこちらから先に回答してしまうのです。すると相手は、答えないと悪いと思い、教えてくれます。

自己開示を行なった場合、自己開示をされた相手も同じように自己開示をしたくなるという、前の章でも少し紹介した「返報性の法則」が働くからです（105ページ）。

また、自己開示で注意したいのは、「自己呈示」との違いです。自己呈示とは、自分を良く見せようとするアピールのことです。その場の空気によっては、ギリギリ本当のことを言うといった具合に話を盛ることもあります。自分を売り込む場面では自己呈示も有効になりますが、この時点では相手の話を引き出すことが目的なので、自己PRは控えめにしてください。くれぐれも「私、すごいでしょ！」的なアピールは控えましょう。

2　絶対にやってはいけない会話のタブー

コミュニケーションエラーとは、話がかみ合わないことと、話のタイミングが合わないことをいいます。

話がかみ合わない相手と話を合わせようと思えば、あなたが合わせるしかありません。

話のタイミングも同じで、あなたが合わせるしかありません。

まずは聞く。その際、**相手が話している会話の腰を折らないようにします。**たとえ相手が自慢話をしていても、黙って聞きます。決して、自分がそれを上回るすごい話をしてはいけません。

また、相手が話しているときに、次に何を言おうかを考えていると、相手の話が頭に入りませんし、話を聞いていないことを気づかれてしまいます。この場合も、相手からすると話の腰を折られたような気分になるので注意が必要です。

また、こちらの話がまだ終わっていないのに、食い気味に会話を始める人がたまにいますよね。こちらからすると、不完全な会話で終わってしまったようで気持ちが悪いものです。そのようなことを自分も知らないうちにしてしまっていないか、十分気をつけてください。

3　人は常に自分のことを話したがっている

「いい質問は人生を変える」といわれます。いい質問は、相手の感情を引き出すことができるのです。

しかし、情報を引き出すことに熱心になりすぎて、刑事のように質問ばかりをしてしまうと、相手は探られているのではないかと思ってガードを固めてしまいます。

また、自分を上に見せようとして、高尚な質問をする必要もありません。相手が金融系の仕事をしている場合、「これからの世界経済はどうなりますかね？　私はこう思うんですが……」などという話をすると、相手は閉口してしまうでしょう。

人脈作りのための質問の目的は、相手がどんな人なのかを「知る」ことです。質問は相手の気持ちを引き出すことが目的ですが、その根底には相手への尊敬が必要です。要は、相手が話しやすい環境を作るということですね。

さて、人がよく話すのはどのようなときなのでしょうか？

それは、「気持ちがいいとき」です。ふだんあまり話さない人がお酒を飲むと饒舌になることがあります。あれは気持ちがいいからですね。ですから、相手に話をしてもらうコツは、相手を気持ち良くする質問を投げかけるということになります。

たとえば、名刺交換をしたあとに、「そちらの業界は今、大変に忙しいですよね？」という具合です。実際に忙しいかどうかはともかく、ほとんどの人は自分を暇だとは思っていません。ですから、「いやいや、そんなことはありませんよ」などと言ったとしても、「そんなことはないでしょう？　もし時間に余裕があるとしたら、仕組みを作るまでに膨大な努力をなさったからではないですか？」などと重ねれば、相手は自分のやっていることを気持ち良く話してくれます。

そして、さらに気持ち良く話してもらうためにもう1つ重要なことがあります

それは自分のことです。

ここはとても重要なので、もう一度言いますね。

人は自分のことを話したがっているんです。

よく会社の先輩と飲みに行くと、必ず武勇伝や過去にすごいことをしたなど、自慢話（それも同じ話）を何度も何度も話す人がいますよね。もちろん、後輩からするといい迷惑なのですが……。

これも、自分のことを話したいという欲求がお酒の力を借りて爆発しているということなのだと思います。

そもそも人は自分のことを話したい生き物なのです。だったら気持ち良く話させてあげようじゃありませんか。

すると、相手はあなたのことを自分の話を聞いてくれるいい人だと思ってくれます。

また、このときに重要なのは、自分の話をしたくなるように相手を気持ち良くさせることです。

4　相手の言葉を繰り返す「○○」の極意

コミュニケーションとは、相手の話に的確な返答をすることだけではありません。しっかりと聞いてくれているという印象づけることと、話しやすい雰囲気を作ることです。

そこで有効なのが、「おうむ返し」です。

相手が話したことを要約して再度「○○ということなんですね」という感じで返答する。

すると相手は「この人は私のことを理解してくれている」と思い、心を許してくれます。

おうむ返しは、プラスの話はもちろん、マイナスの話にも使うことができます。

たとえば、「社員がなかなか戦略を理解してくれなくて困っているんだよ」と言われた場合、

① そのままのおうむ返し

「社員さんが戦略を理解してくれないんですか」

② 少し共感に踏み込む

「社員さんが戦略を理解していないと、社長の苦労が絶えませんね」

③ 高度なおうむ返し

「社員さんに戦略を理解してもらうのは難しいですね。社長が先頭に立っているんですか？　○○会社では戦略を社員に浸透させるために○○の手法を取り入れているそうですよ」

という具合です。

同じおうむ返しでも、返す言葉によって、相手に与える印象が違ってくるのがおわかりいただけると思います。

もしもあなたがその情報に精通しているのであれば、③のような「おうむ返し＋提案」などを盛り込むとよりいっそう相手は喜んでくれます。

5 相手に楽しいと思ってもらえる相づちの秘密

初級編では、相手の会話に対してリアクションをするということをお伝えしましたが、ここでは、もう一歩踏み込んだ「相づち」についてお伝えします。

ふだん、人と話しているときの自分の相づちを思い返してみてください。「へー」とか「そうなんだ」とか「すごいね」など、ほぼ無感情な感じの相づちを打っていませんか？　それが仮に気心の知れた友だちだったとしても、相手からしたら「この話はつまらないのかなあ？」と思われてしまいます。

よくドラマで接待のシーンを見ると、過剰なほどにヨイショとリアクションを繰り返していますよね。

さすがにそこまでしろとは言いませんが、**「すごい！」「マジで！」「信じられない！」など少しオーバーなくらいの相づちをしたほうが相手が喜んでくれます。**そうすると、相手も楽しみながら話をしてくれるので、この人と話をすると楽しいと思ってもらえるのです。ぜひやってみてください。

6　相手が喜んで本音を言ってしまう最強の相づちとは？

相づちの重要性はおわかりいただけたと思います。さらに進めて、相づちにバリエーションを持たせると、いっそう相手から話を聞き出せます。

たとえば、「それで、それで」「それからどうなったの？」や「早く続きが聞きたい！」など少し前のめり気味に話すことで、相手も喜んで話をしてくれます。

あまりに白々しくなってしまう場合は、正攻法をおすすめします。「○○さんの話は面白いですね。もっと話を聞かせてもらっていいですか？」という具合です。

また、よく私が使う手法は、「手を叩いて笑う」です。

言葉だけの相づちでもいいのですが、体を使って表現することで、相手の話が面白く聞いているということをよりアピールできます。すると、相手も自分の話がウケているいることに気を良くして、よりいっそういろいろな話をしてくれるようになります。ときには、ふだんなら絶対に話さないような極秘ネタをポロッと話してくれたりすることもあります。

おうむ返しで大企業の社長さんと仲良くなった件

某大手企業の社長さんと初めてお会いしたとき、会食をしながらお話をしたのですが、その席で、私は相手の社長さんの話の聞き役に徹しました。

もちろん、ただ聞くのではなく、話の要所、要所で前の会話を要約して「○○社長は○○だったんですね」だとか、「それは、○○な気持ちになりますね」など、社長が話した内容を要約して、相づちを打っていました。もちろん、多少オーバーにリアクションしながら、ときには手を叩いて笑ったりしました。

すると、会食の帰り際に社長から、「こんなに初対面から打ち解けられたのは初めてだよ」と言われました。それからというもの、マメにお食事などのお誘いいただけるようになり、お仕事もさせていただくことができました。

このときに私がしたことといえば、「話を要約しておうむ返しをしながら相づちを打ったこと」と「オーバーリアクションで反応した」ということだけです。

心理テクニック〈上級編〉

ここからは、さらに上級のテクニックをご紹介していきます。

よく心理分析などで使われるテクニックもあるのですが、私が実際にやってみて効果があったものをお伝えします。

1 「3タイプ別」短期間で信頼関係を構築する方法

よく「波長が合う」といいます。波長を合わせることを心理学では「ラポール」といいます。ラポールとは、フランス語で「橋をかける」という意味です。相手の心と自分の心をつなぐ心が通いあった状態、つまり信頼関係を築くことができたということです。

ラポールにはさまざまなテクニックがありますが、私が実際に効果があると思ったものをいくつかご紹介します。

まずは、私が相手との信頼関係を築くうえで、最も有効だと思っているのが、134ページでも言いましたが、「相手との共通点を探る」ということです。出身地や住まい、趣味、家族構成、仕事、恋愛観、ファッションの好みなど、人は「自分に似ている相手」に対して好意を持ちます。また、その話題がニッチであればあるほど、相手はあなたに興味を示すでしょう。

そして、効率良くラポールを築くためには、その人に合った対応をすることです。これにより、短い時間で深い信頼関係を構築することが可能になるのです。そのためには、これからお話しすることが重要になってきます。

人には次の3つのタイプがあるといわれています。

視覚優位
聴覚優位
身体感覚優位

タイプ別にコミュニケーションの仕方も変わってくるので、それぞれのコミュニケーションの方法を説明していきますね。

〈視覚優位〉

このタイプの人は、何かを考えるときに映像を思い浮かべながら考えます。そのため会話をするときも、図を書いたりしながら説明をすることが多いようです。何かを説明するときに、図解で説明をする人がたまにいますが、その人は視覚優位タイプの人です。

好んで使う表現には、「見える」「ひらめく」「明るい」「暗い」「注目する」「見通し」などの言葉が多いようです。また、頭の中にある映像を言葉にして説明するので、情報量が多くなり、早口になりやすいのも特徴です。

絵や写真などを見ながら話すとスムーズにコミュニケーションが取れます。

また、会話するときは、

「来週のディナーは、ガヤガヤしていない、静かで落ち着いたところで食事にしよう」

と伝えるのではなく、

「来週のディナーは、人が少ないお店で、店内の照明も暗めで、２人の会話が楽しめるようなお店で食事にしよう」

と言ったほうがイメージしてもらいやすいでしょう。

〈聴覚優位〉

このタイプの人は、何かを考えるときに言葉で考えます。ですので、耳から入ってくる情報に対して敏感に反応します。また、聴覚情報を扱うことが得意なので、人の会話を聞いて勉強することに優れています。

セミナーに参加したり、勉強会に参加するなどして、人との交流や会話を通じて学ぶことが多いようです。

また、好んで使う表現には、「聞く」「言う」「説明する」「話す」「ドーン」「シーン」「ガヤガヤ」などの言葉を用いることが多いようです。

このタイプの人とは、じっくり話をすることでスムーズにコミュニケーションが取れます。

たとえば、会話をするときは、

「このホームページ、参考になるから見てみて」

と伝えるのではなく、内容をあなたの口から直接伝えるようにすると、相手は情報を聴覚情報として認識できるので理解してもらいやすくなります。

〈身体感覚優位〉

このタイプの方は、何かを考えるときに自分の感覚を大切にしながら考えます。自分の感覚を受け止めることに時間を使うので、ゆっくりとしたテンポでのコミュニケーションになりやすく、返答も遅くなる傾向があります。

好んで使う表現は、「感じる」「柔らかい」「固い」「ゆるゆる」「のんびり」「まったり」「リラックス」「ギュッ」「ガッ」などが多いようです。

商品や説明したいものを触ってもらうなど、実際に体験してもらうことでスムーズにコミュニケーションが取れます。

この人が会話をするときは、「こう言うときはズバッとやるんですよ」とか「ボールが来たら、パッと回り込んで、スッと入ってスパンッと打ち返すんです」などの感覚的な擬音の表現を使うことが多いため、ほかの視覚優位タイプや聴覚優位タイプの人からすると「???」なことが多いようです。

まさに往年の長嶋茂雄さんタイプですね。

ですので、会話をするときはより具体的な表現に言い直して、「『ズバッと』とは、どのくらいの力加減でしょうか?」や「『スッと入る』とはどのようなタイミングでしょうか?」などと、いちいち確認をするとコミュニケーションを取りやすいでしょう。

それぞれのタイプ別に有効なラポールの築き方があるので、タイプを見極めてその人に合った方法で話をすることでより関係を深めることが可能になります。

2　相手に親近感を抱かせるテクニック

「ミラーリング」とは、相手の仕草や行動、言動などをミラー（鏡）のように真似ることを指す、コミュニケーション手法の一種です。

動作を相手に同調させることで、親近感や信頼感を抱かせることができるテクニックです。特に視覚優位の人に対して有効です。

相手がカップに手をかけたらこちらも手をかける、相手が水を飲んだらこちらも水を飲む、相手が腕を組んだらこちらもさりげなく腕を組むなどもミラーリングです。

よく、「夫婦や恋人はだんだん似てくる」などといわれますが、これはいつも同じ環境にいるため、自然とミラーリングを行なうことになり、お互いの動作がかぶることによるものだと思います。

ただし、やりすぎはかえって「変なヤツ」と思われてしまうので注意が必要です。

3　パーソナルスペースをコントロールする
～思い切って近づいてみる

人は別の誰かと話をするときに、自分が快適だと思う空間を保つために無意識のうちに距離を保ちます。それがパーソナルスペースです。これは、段階的にいくつかのゾーンに分かれているのですが、詳細は割愛しますね、気になる方はあとでググってみてください。

人は他人と話をするときにだいたい1・5～2メートルくらいの距離を保ちます。それ以上近づくと、ちょっと近いと感じて違和感を感じたりしますが、これは相手との関係性にもよって変わってきます。

そこで、相手と話をするときにあえて相手のパーソナルスペースに入り込んでみるのです。

スッと1～1・5メートルのくらいのところまで近づいて話をしてみます。このときに相手が一歩引いたり、体をのけぞらせたりするようであれば、警戒心が強いタイプだとわかります。逆に一歩も動かずに普通に会話をできるようであれば、警戒心が低いタイプだとわかりますので、そのあとの対応の仕方もわかります。

警戒心が強ければ、まず相手の警戒心を解く方法を考えます。警戒心が低いタイプであれば、すぐに親近感を抱かせるようにラポールを築くようにすればいいわけです。

また、**体の距離は心の距離といわれているので、逆を言えば、相手との体の距離を縮めるようにすれば、心の距離を縮めることも可能なわけです。**

よく「デートはバーのカウンターがいい」などといわれますが、これは横並びになることで、体の距離を強制的に近づけることになり、心の距離も近づけることができるからなんですね。この方法は、特に身体感覚優位の人に有効です。

4 名刺交換で相手との心の距離を測る

先ほど話した相手のパーソナルスペースに飛び込んでみるということを自然にできる方法があります。

それが、名刺交換です。このときは、名刺を交換するために相手に近づく必要がありますから、相手のパーソナルスペース内に自然に入れます。そのときにいつもよりも少し相手に近づいて名刺交換をしてみましょう。このときに相手の対応次第で、どのくらいの警戒心を持っているかがわかると思います。

一歩引いたり、重心を後ろに取るようなら、警戒心が強いタイプかもしれません。

その場合は、あわてずにじっくりと相手の方とお話をして、警戒心を解くことからはじめましょう。

5　相手に安心感を与える会話の仕方
～人は自分に似た人に安心感を持つ

先ほど、相手に合わせることをミラーリングの法則としてご紹介しました。これもミラーリングに近いのですが、**話すトーンを相手のペースに合わせるということも、相手と打ち明けるには非常に有効な手段です。**話すトーンを相手に合わせることを「ペーシング」といいます。

たとえば、ゆっくり話す人とは、こちらもゆっくり話をするようにしたり、少し早口の人と話すときは、こちらも少し早口で話すようにします。**人は自分と話すペースが同じ人に対して安心感を持ちます。**そうすることで、信頼関係を構築しやすくなります。

この方法は聴覚優位な人に有効です。

6 信頼関係を構築しやすい時間帯がある

相手から情報を聞き出す場合や、相手との関係性を深めたい場合、まず相手が話しやすい雰囲気を作ることが大切です。

話しやすい雰囲気の中には、場所や時間なども含まれます。静かなところだと緊張してしまうため、打ち解けた話をするのは難しくなります。ですから、少し賑やかな居酒屋などがいいかと思います。また、人は夕方から夜にかけて気持ちがリラックスしてくるといわれていますから、**昼間会うよりも夕方や夜に会ったほうが親密な話ができるでしょう。**

たとえば、夜に書いたラブレターを朝になって読むと、自分が書いたとは思えないほど情熱的な文章だったという経験は誰にでもあると思います。夕方から夜にかけての時間帯は、人を魔法にかけるようですね。

7 心理状態を把握する4つのポイント

相手の表情や仕草にも相手の感情が表れていることがあります。それを見逃さずに対応することで、相手に「この人は私のことをよくわかってくれている」と思わせることができます。また、自分と話をしているときの相手の表情の変化を観察するだけで、その心理を読むことができます。

〈4つのポイント〉

① 目線が左右に動いて、口が閉じているときは「つまらない」と思っているサイン

② 目線が上下に動いて、口が軽く開いているときは「興味がある」のサイン

③ 足を組むのは「拒絶」のサイン

④ 足を椅子の下に入れているときは「話に飽きている」のサイン

この４つのポイントを意識しながら、会話の方向性を変えたりして相手の興味がある話題を探っていきます。

「興味がある」のサインが出たら、そこから話題を広げていきましょう。

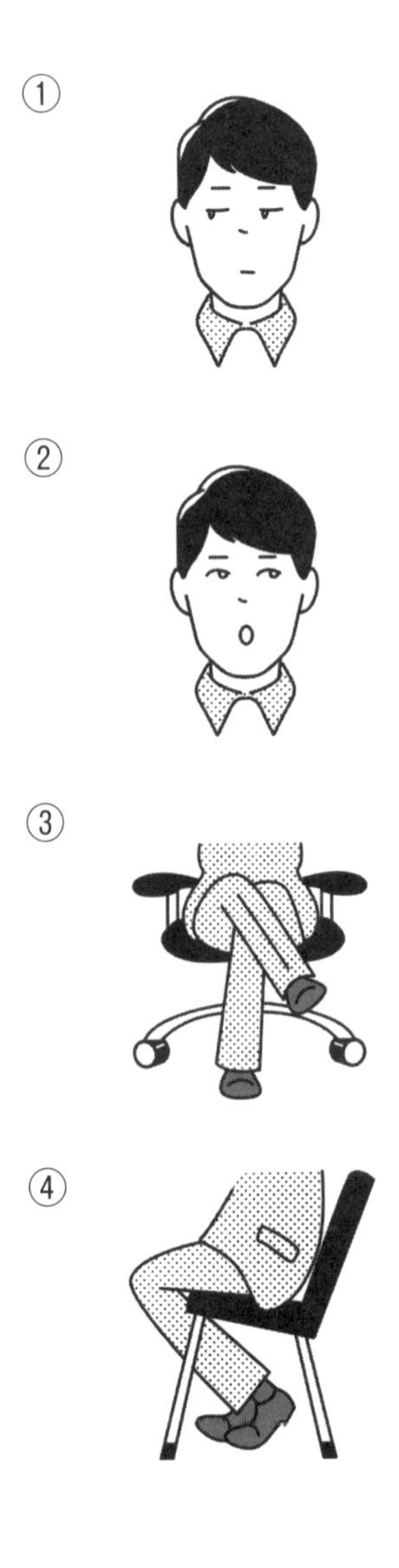

8　相手を気持ち良くさせる上手なホメ方
～相手の「ホメられたいニーズ」を満たす

相手がホメてほしいことをホメる。つまり、**相手の「ホメられたいニーズ」を満たしてあげる**ということです。相手の「ホメられたいニーズ」とは、「本人がこだわっていることや大切にしていること」です。人は本人が自慢したいこと、価値をわかってもらいたいことをホメられたいと思っています。

相手をホメる方法には、次の2つのアプローチがあります。

①　相手の外見をホメる

高級な時計やファッションを身にまとっている人は、「おしゃれですね」とか「洗練されていますね」というホメ言葉を期待しています。ですから、素直に見た目のままをホメます。あなたがブランドに詳しい場合は、「そのブランドを身につけている人は本当にセンスがいいと言われますね」という具合です。

この場合、外見にお金をかけている人は、1つ1つの持ち物にこだわりを持っている人が多いので、時計やアクセサリー、服装などの細かいパーツをホメましょう。

② 相手の内面をホメる

内面をホメる場合は、見た目と逆をホメると効果的です。たとえば、積極的に見える人の場合、「ポジティブですね」というようなホメ言葉に飽きています。ですから、「人を勇気づけるために意識して明るく振る舞っているんですね。本当の○○さんは、1人のときは物静かで考えごとをしている人に見えます」という具合です。

1人のときでも元気にしているという人はほとんどいないので、まずは外しません。逆に「本当の自分を見抜いた」と感心されます。

このように、人は「本当の自分を知ってほしい」という気持ちを常に持っています。あなたが相手をホメることで「この人は本当の自分をわかっている」と相手に思わせることができれば、関係性は一気に深まります。

人は、外見（見た目）と内面（見た目とのギャップ）のどちらもホメめられたいと思っているので、その2点をホメることで、さらに相手はあなたに好意を持ってくれます。

コラム column

ビジネスでは、交渉前に結果は9割決まっている

どんな場面においても、いきなり仕事の話をするのは絶対にNGです。

初めてお会いする方とお話をさせていただく際、私は仕事の話はほとんどしません。まずは自分という人間を知ってもらうために、家族構成や趣味、好きな食べ物など、ほとんど雑談に近い話をします。

交渉ごとの場合、交渉に入る前のアイスブレイクの段階の会話で、交渉の結果はほぼ決まっていると思っています。

交渉相手とどれだけパーソナルな関係を築けているか？

これによって、結果が左右されます。ですから、私は交渉に入る前の雑談の時間をあえて長く取ることにしています。家族の話や今日の天気の話、好きなスポーツの話や学生時代の話など、さまざまなことを話して、相手との距離を縮めることに注力します。

お互いの共通点を知ることで、より親密な状態で仕事の話ができるようになるのです。

Chapter 5

第5章 セミナー・勉強会、パーティ・イベントは絶好の狩場

最高の人脈に出会える
セミナー、勉強会を見極める5つのポイント

この章では、人脈を作る場所についてお話しします。

まず、セミナーや勉強会での人脈の作り方からお話しします。その次に、パーティなどのイベントでの人脈作りの方法をお話しします。

まずセミナーやパーティなどのイベントと、異業種交流会との違いですが、前者は後者のように、人脈作りをメインの目的にしている人があまりいません。

たとえば、セミナーの場合は自分のレベルアップが目的、パーティの場合は社交のために参加しているという人がほとんどです。それだけに警戒されずに、いろいろな人と仲良くなることができます。ただし、事前にどんなセミナー・勉強会、パーティに参加するのかをきちんと見極めないと、お金と時間がムダになってしまいます。

見極めのポイントは、次の5つです。

①　講師・主催者は誰か？
②　会の目的は？
③　会の進行と運営は？
④　参加費用は？
⑤　どんな人が来ていそうか？

〈講師・主催者〉
まずは、あなたが人脈に加えたいかどうかが最大のポイントです。セミナーの講師やパーティの主催者の方と人脈を構築することであなたの目標が叶えられるか、もしくは、あなたのビジネスが発展させられるのかを見極めます。まったく関連がなかったり、違和感があるようならば見送るほうがいいでしょう。

〈目的〉
セミナーであれば、どんな内容なのかということです。たとえば、自己啓発セミナーの場合、同じ講師であっても、「自分を発見するセミナー」をやっていることもあれば、「セミナー講師になる方法」をテーマにしていることもあります。当然ながら、後者のほうが意識の高い人が集まります。

パーティの場合、結婚披露宴であれば、新郎新婦を祝う会なので、式中に人脈を作ることなどできません。一方で、出版記念パーティであれば、著者さんやその仲間、あるいは出版社の人間など、ほかの参加者と交流できることが予想できます。

〈進行と運営〉

まずは、イベントの場所と人数をチェックします。数百人規模であれば、会場は、誰が誰なのかがわからないカオス状態になるでしょう。また、席が決まっている場合も移動が難しく、周囲の人としか交流ができません。立食形式だと動きやすくなります。

〈参加費用〉

会には参加費用に見合った人が集まります。当然、ある程度の価格設定がされているほうが参加者のレベルは上がります。もちろん、高すぎるのも考えものですが、無料・

低価格の会よりも、それなりの価格設定をしている会への参加をおすすめします。

〈参加者〉

あくまで予測になりますが、どのような人たちが参加しているのかも、会の価値になります。出版記念パーティであれば、必ず編集者が来ています。もし、あなたが本を出したいと考えているなら、絶好の場でしょう。もし、主催する会社に知り合いがいるのであれば、どのような人が参加するのか事前に確認しておくことも重要です。

会については、どんなものがいいのかは人によりますが、避けたほうがいい会はあります。人脈を大切にしている会は、むやみやたらと一般募集をしていません。また、やたらと高級感をアピールしている会も、疑似セレブの溜まり場になっている可能性があります。経験上、過剰な募集をしている会は避けたほうがいいと思います。

セミナー・勉強会編

セミナーや勉強会での人脈の対象は、講師とスタッフ、そして参加者となります。セミナー中は誰もが学ぶことに集中しているので、人脈作りは、セミナーの前、休憩時間、終了後の時間を活用することになります。

1　講師のことを事前に調べ尽くしておく

セミナーに参加するのは、セミナーの内容を勉強するのはもちろんのことですが、講師と仲良くなったほうがもっとコアな情報が聞けたりします。私はセミナーに参加するときは、講師と直接仲良くなるように心がけています。そのためには相手のことをよく知る必要があります。講師の情報を事前に入手しておき、お会いしたときに知っている情報を伝えると、「よく知っているね」など喜ばれます。誰しも自分のことをいろいろ知ってくれているとうれしいものです。

調べる方法は、講師のSNSなどを見れば、その人がどんなことに興味を持って、どんなことが好きかなどもだいたいわかります。もし、本を出版しているのであれば、一通り読むことをおすすめします。本に書かれていたことで参考になった内容を本人に伝えて、「勉強になりました」と言うだけでも喜ばれます。

2 セミナー参加者と仲良くなってはいけない

参加者との人脈は、人を選ぶことをおすすめします。

何か目的があってセミナーの参加者と仲良くなるのはいいのですが、そうでないのであれば、参加者とはあまり仲良くならないほうがいいと私は思います。

セミナーの参加者は、自分と同じレベルの人が参加していることがほとんどです。たとえば、ビジネス系のセミナーであれば、自分のビジネスをうまくいかせたいと思っている人や、自己啓発系セミナーであれば、自分のレベルを上げたいと思っている人です。

そんな自分と同じような境遇の人たちと仲良くなっても、お互いの不遇を慰め合ったり、悩みを共有するだけで、前向きな話は出てきません。また、そのような方々とつながっていても、あなたのビジネスはうまくいきませんし、目的も達成されません。

ですから、セミナーに参加した場合、少しでも早く自分のビジネスや目標を達成させるために講師と仲良くなるのが得策です。

もちろん､中には志が高い人もいるかと思いますが､私がこれまでに参加したセミナーでは、少なかったということです。もし、志が高い参加者を見つけたら、ぜひとも仲良くなりましょう。それによって、あなたのモチベーションも上がるはずです。

3 絶対に外してはいけない人脈とは?
～サブリーダーは「人脈の打ち出の小槌」

講師と仲良くなるとはいえ、セミナー講師というのはセミナー当日は忙しくしていることが多いものです。参加者へのあいさつとか、名刺交換などに時間を取られていて、なかなかじっくり話すことができない状態です。

では、どうしたら講師と仲良くできるのでしょうか？　それには、まずスタッフと仲良くなることです。講師の方がリーダーだとすると、セミナーを仕切っているスタッフはサブリーダーになるかと思います。できれば、そのサブリーダーと仲良くなります。その会場の中のポジション的には講師の次にえらい人がだいたい該当しますね。第２章でお話しした**「ナンバー２と仲良くなる」**です（73ページ）。

このサブリーダーですが、実は侮れません。なぜなら、このサブリーダーは講師とも当然つながっていますし、また会場のすべてを仕切っているわけですから、どんな人がセミナーに参加しているのかといったことまで知っているからです。

この人物と仲良くなるだけで、講師の情報はもちろん、セミナーの参加者の情報も聞き出せるのです。ですから、セミナー会場でサブリーダーと仲良くなることは必須です。

私はセミナーに参加したら、真っ先にサブリーダーの方と仲良くなるようにしています。そして、後日改めて会えるくらいまで、仲良くなっておきます。休憩時間もその方のところへ行き、ひたすら話をします。仲良くなることでいろいろな人脈の情報が聞き出せるので、彦摩呂ふうに言うと、まさに**「人脈の打ち出の小槌や〜」**ですね。

このような人と人脈を構築できると、その人が持っている人脈も紹介してもらえることになるので、人脈の幅が一気に広がります。

4　最強の人脈を作るには2つのパターンが必要
～ハブとコネクターの役割を理解する

人脈を作るうえで、キーパーソンはハブとコネクタータイプの2つのパターンに分かれます。

セミナー講師とサブリーダーの関係は、セミナー講師がハブでサブリーダーがコネクターだといえます。ハブは中心となり、周りには人が集まって来ます。コネクターは、ハブとハブをつなぐ役割です。本人の周囲には人だかりができませんが、数多くのバブとつながっています。俗にいう華のある主役がハブであり、コネクターは名脇役です。

これまでは主役に注目が集まっていましたが、昨今は脇役にもスポットが当たります。サッカーは得点をするフォワードだけでなく、パスを出す中盤のボランチがゲームメイクをしているといわれます。また、ディフェンダーやゴールキーパーも守護神として尊敬されます。また、芸能の世界でも助演賞の価値が上がっています。

コネクター人材にもスポットが当たればいいのですが、実際には主役であるハブに注目が集まります。だからこそ、あなたが名脇役を評価する立場になることで、あなたは特別な存在になるのです。

「いいセミナーですね、スタッフに優秀な方が多いんですね」
「会場作りは完璧ですね」
「講師の○○先生もセミナーがやりやすいですね」

などとサブリーダーに声をかけてください。

パーティ・イベント編

次にパーティやイベントでの人脈の作り方をお話しします。パーティやイベントは、セミナーや勉強会と違い、自由に動き回れます。一方で、参加している人が多種多様になるため、誰と仲良くなるのかを絞り込む必要があります。

見極めが難しいのは、参加者が皆ドレスアップしているので、見た目では人物評価ができにくい点です。誰に話しかけようかとウロウロしていたらいつの間にかパーティが終わってしまった……などとならないように、パーティやイベントでの動き方についてお話しします。

1 1つのイベントで仲良くなるのは1人だけ

たまに知人の会社主催のパーティやイベントなどにおうかがいすることがあります。そんなときはムダにいろいろな人と話をすることはありません。知人の主催するイベントであれば、事前にどんな人が参加するのか聞いておき、自分が仲良くなりたいと思っている人を決めておきます。

そして、イベントに参加したら、主催者の知人にその方を紹介してもらい、話をします。少し話をして、この人とは仲良くなれそうだと感じたら、こちらからどんどん自己開示していき、仲良くなるように努めます。そして、じっくり話をするためにイベントのすべての時間を使ってその方と話をするようにしています。

ただし、その場の空気は読んでくださいね、もし相手の方があなたとの会話に飽きているようだったら、いったん会話をやめて離れましょう。そして、少し時間を空けてからまたその方に話しかければいいのです。

もし、参加したイベントに知り合いがいなければ、まず最初の数十分は会場全体を見て回り、仲良くなりたい人を探します。雰囲気や話ぶりを見ていると、どのような職業かだいたいわかります。そして、この人と仲良くなりたいと思ったら、その人のところへ行き、あいさつをして話を始めます。

いろいろな人と話すよりも、1人の人とじっくり話すほうがそのあとの付き合い方もまったく変わってきます。

2 絶対にやってはいけない行動とは？

いい人脈を作るコツは、いきなり人脈を作ろうと思って焦らないということです。

人脈は数ではなく質です。1000人の人脈よりも、100人の人脈を持っている10人との関係が大切です。

パーティやイベントなどに参加すると、いきなり自分の会社の話をしたり、自分がしているサービスの話をしたりする人がいますが、こうした行動はご法度です。

パーティやイベントには主役がいます。主役を立てるのが基本です。参加者も主役の人のために集まっているので、横入りのような営業活動は謹んでください。誰でもそうですが、いきなり営業されて話を聞く人はいません。

そのような場では、自己開示は必要ですが、仕事以外の話をすることが大切です。そのためには、自分の営業などはいっさいしないで、相手の話を聞くことに徹しましょう。そして、合間合間に相手を持ち上げることで、相手に気持ち良く話をさせてあげることです。つまり、**相手の話をよく聞くカウンセラーのようにふるまう**のです。

3　聞かれるまで自分の話はしないこと

パーティやイベントで出会う人は、セミナーや勉強会に比べて、参加の目的がバラバラです。また、参加している人の情報はわからないものです。

そのような状態で相手に自分の話をしても、相手にとってはいい迷惑です。

相手のことを何も知らないうちは、自分の話はしないようにしましょう。話していいのは、相手から「どんなお仕事をしているのですか？」とか「どちらにお住まいなのですか？」などと聞かれたときだけです。このときも、さらっと簡単に説明するだけでいいと思います。

基本的には、相手はあなたに興味がないということを忘れずに。まずあなたが相手に興味を持つことが大切です。

4　大勢の会話の輪には加わるな！

実力者の周囲には人だかりができています。4～5名が輪になって話していることもよくあります。このような大勢の輪に加わってしまうと、自分が話す機会が減ることになりますし、ほかの人のこともわからないまま時間が経ってしまうことも。ですから、数人で話をしている輪には入らないようにします。

そんな中で、自己ＰＲに熱心な人がいたりすると、輪の中心にいる人も周囲も白けてしまいます。しかし、「迷惑ですよ」と言うわけにもいかないので、白けたまま時間がすぎてしまいます。そのような輪の中にいると、意味のない時間をダラダラとすごすことになるので、大人数の輪の中には入らないようにしましょう。

たとえば、大人数の輪の中で、あなたが勝手に隣の人と話しはじめたら、隣の人が迷惑に思うかもしれません。ひどい場合は、あなたが会話の輪を壊している人に思われてしまいます。

5 迷ったら1人ぼっちの人に話しかけてみる

人だかりのできる人は影響力があることがわかります。

しかし、パーティやイベントでこうした人と話をするのは。競争率が高くなります。

仮に、あなたと話が弾んでも、後ろに名刺交換を希望している人の列ができてしまえば、それほど長くは話せません。

では、誰に話しかければいいのかということになりますね。

もし、誰も知らないイベントなどで、誰に話しかけていいかわからないときは、1人でいる人に話しかけてみましょう。

なぜなら、1人でいる人は、人見知りな人か、もしくは企業の役員など、役職柄自分から話しかけるのはプライドが許さないと思っている人の場合があるからです。もし、そんな人に出会ったら超ラッキーです。喜んで話をしてあげましょう。

以前、私が参加したイベントで、長いこと1人でいる方がいたので、声をかけて話をしました。すると、超大手芸能事務所の重役さんだったことがあります。

6 著名人ではなく「マインドの高い人」と仲良くなる

パーティなどに参加すると、たまに業界の有名人や実力者が来ていたりします。有名人だからといって、いい人脈を持っているとは限りません。あくまで人となりを見極めることを忘れないでください。

とはいえ、多くの場合、実力者や有名人であればあるほど、強い人脈を持っています。そんな方々と知り合いになっても、あなたがその方々に提供できることがなければ、相手から何かをもらったり教えてもらうばかりで、関係性のバランスが悪くなります。バランスを欠いた関係は、長続きしません。最初にお話ししましたが、お互いに成長し合える関係性こそが真の人脈といえるのです。

私がお伝えしている人脈術は、有名人との人脈を作るものではありません。

そんなときは無理して有名人と仲良くなるよりも、マインドが高い人と仲良くなるようにしたほうが自分も高い志を持つことができますし、いい関係性を構築していくことができます。

7 すぐに一対一で会うようにする

パーティやイベントなど、たくさんの人がいるような場では、じっくり深い話をするのはなかなか難しいものです。それなら、すぐに次のアポを取ってしまい、「来週にでも、ゆっくりお茶を飲みながら、情報交換をしませんか?」などと誘って会う約束を取り付けてしまいましょう。

その場でなんとかしようとしないで、次に会う約束をすることがポイントです。しかし、そんなに深い話をしていないので、アポが取りにくいという場合もあるでしょう。

話が合いそうだと思っても、2人はまだ知り合ったばかりです。まだ友人ではありません。いくらあなたが相手に興味を持っても、相手もあなたに興味があるかどうかはわかりません。そんな中で、いきなりガツガツいくのは、避けたほうが無難です。

「話の合う楽しい人」と「いっしょに仕事がしたい」というのは、同じ好意的な印象であってもかなりの違いがあります。

その場でアポを取りにくい場合は、SNSのアカウントを交換します。そして、その日のうちにメッセージを入れます。

メールの場合、相手が見ているのかどうかがわかりません。SNSがいいのは、相手のプライベートな空間に入りやすいのと、メッセージの未読・既読がわかるからです。

文面は、「今日はありがとうございました！」「お会いできてよかったです」などのお礼から次に、「○○さんとこういう点で共通点を感じました」「私も○○をしているので、今後ともよろしくお願いします」など、相手の印象を必ず伝えてください。

相手から返事があれば、2回目の返信でアポの打診をしてみます。

私はやったことはありませんが、このようなSNSを使った「印象と伝える」→「アポに持ち込む」というステップは婚活パーティでも有効ではないかと思います。

念のため言っておきますが、女性にこの方法を使ったことはありませんので（笑）。

8　自己紹介は時間のムダ

私は、基本的に長い自己紹介は時間のムダだと思っています。なぜなら、その時間を別の話に使ったほうがよほど有意義にすごせるからです。

とはいえ、自己紹介をしないことにはお互いに誰なのかがわかりません。

誰かに自分を紹介してもらうときは、事前に自分のプロフィールなどを相手に伝えておいてもらいます。そうすることで、会ったときにはどういう人かわかるようにしておきます。もちろん、その逆も然りです、事前に先方のプロフィールを送ってもらいます。そうすることで、会ったときにすぐに有益な話を始めることができます。

初対面の相手は、こちらの自己紹介に興味はありません。名刺などを工夫して、何をしているのかがすぐにわかるようにしておくのでも十分だと思います。

当日に相手のことを知るとなると、限られた時間内での情報共有になってしまい、深い話は次回に持ち越すことになってしまいます。そうならないように**お互いのプロフィールを事前に知っておけば、会ってすぐに深い話ができる**のです。

どうしても、その場で自己紹介をする必要があるのであれば、端的に短く自己紹介をするようにしましょう。

9　一気に距離が近くなるフレンドリーな会話とは？

私は年齢やマインドが近い人であれば、できる限り敬語を使わないようにしています。

その場合、もちろん相手にも敬語を使わないようにお願いします。

敬語が入っているせいでフランクな付き合いができないということはないでしょうか。実際、百貨店の受付嬢や高級ホテルのフロントの人と仲良くなれる印象はありませんよね。こうした職業の方たちは、お客様に対して特別感を与えるために、非日常的な言葉を使うように訓練されています。丁寧な言葉は相手を上にするので、友だちになりにくいのです。あなたにも経験があると思いますが、家電量販店で丁寧な言葉で接客されると販売員との距離を感じるはずです。

しかし、皆さんの中には、初対面の人に敬語をまったく使わないというのも気が引けるという方もいらっしゃるでしょう。また、場合によっては「失礼な人」「馴れ馴れしい」という印象を与えてしまうこともあるかもしれません。

そんなときは、**フレンドリーな敬語を使うことを意識してください。**フレンドリーな敬語の達人は、ジャパネットたかたの前社長の高田明さんです。テレビに向かって呼びかけている言葉は、敬語ですが、不思議とフレンドリーな印象です。

私の分析ですが、その理由は大きめの声と笑顔です。

初対面の人には、ふだんよりも少し大きめの声を出して、笑顔で話すとフレンドリーになりやすいと思います。ほんのちょっとの言い回しの違いで、仲間というより、仰々しい仕事相手という感じになってしまいます。もっと踏み込んだ関係になりたいのであれば、ある程度軽い感じを演出することも大切です。

自分からではなく、相手から「仕事をしましょう」と言ってもらう

先ほど、「セミナーではまずサブリーダーの方と仲良くなれ」と言いましたが、実際にこんなことがありました。

あるセミナーに参加し、狙い通りサブリーダーの方と仲良くなり、後日お会いしていろいろ話ができる関係を築きました。その後、セミナーの講師の方も紹介してもらい、いっしょに食事に行ける間柄にもなりました。

ですが、ここで、講師の方にすぐに自分の仕事の話はしませんでした。何回かお会いしているうちに、講師の方は私がどんな仕事をしているのかいろいろと聞いたうえで「ぜひいっしょに仕事をしましょう」と言ってくれました。こうなったら私の勝ちです。

重要なのは相手から「仕事をいっしょにしましょう」と言ってもらうことです。なぜなら、ただでさえ立場は先方のほうが上なのに、その状態でこちらから「仕事をしましょ

う」とか「仕事をください」などと言ってしまうと、先方にマウントを取られてしまいます。すると、契約が先方に有利な内容で進められたりします。そのため、私は自分から先に仕事の依頼をしないように心がけています。

先方から言われた時点で、立場はフラットになります。すると、契約条件も対等になるため、そのあとの仕事もしやすくなります。

ちなみに、このときは講師の方といっしょに仕事をすることができたうえに、サブリーダーともさらに仲良くなったおかげでその方の人脈をご紹介いただくことができ、人脈の幅が一気に広がりました。

Chapter 6

第6章 初対面の人と一瞬で仲良くなれるテクニック

初対面の相手にすぐに親近感を持ってもらう方法

私は名刺交換をしたら、すぐに名前で呼ぶようにしています。

人は自分の名前に一番愛着があります。名前で呼ばれることで、呼んでくれた相手に対して親近感を抱きます。名前を呼ぶときは、苗字でもかまいませんが、フレンドリーに話せそうな人の場合は、あだ名をその場でつけて呼ぶこともあります。

初対面で相手になるべくインパクトを与えることは、ビジネスをしていくうえで大きなアドバンテージになります。

たとえば、「浜田さん」という人がいて、年が近ければ「浜ちゃん」と呼び、年上であれば「浜さん」という具合です。「鈴木さん」ならありきたりですが「スーさん」などですね。相手があだ名で呼ぶことを許してくれたら、「じゃあ、私のことは〝ムロさん〟と呼んで下さい」と言って、バランスを取ります（このあだ名の効用については本章末のコラムでもふれていますので、そちらもお読みください）。

ときどき役職を重視している人がいますよね。そうした人の場合は、周りの人がなんと呼んでいるのかを観察して空気を読んでください。その場合でも、「部長」「社長」ではなく、「田中部長」「山田社長」と呼ぶのが鉄則です。

その後、ある程度親しくなった段階で、「田中さん(山田さん)とお呼びしてもいいでしょうか?」と聞いてみます。このときに「ダメ」と言う人は基本的にはいないので、ほかの人と違う呼び方ができるようになります。

すると、周りの人があなたを見る目も変わります。「この人は○○部長のことを〝○○さん〟と呼べるくらい親しい仲なんだ」と思われることで、一目置かれる存在になることができます。ぜひやってみてください。

また、女性の場合は下の名前で呼びます。たとえば、「中田真理子さん」だったら「真理子さん」、親しくなったら「真里さん」。さらに進んで「真理ちゃん」と呼ぶことに成功すれば、さらに相手との距離が縮まったといえます。

このようにあなただけの呼び方をすることで、相手との距離がグッと近くなります。

ここまでお読みいただいて、相手のお名前を呼ぶことの大切さをおわかりいただけたと思います。とはいえ、皆さんの中には「人の名前をなかなか覚えられない」という方もいらっしゃると思います。

そのような方はすぐに確認できる名刺アプリなどをスマホに入れておくことをおすすめします。最近は便利なアプリがいろいろリリースされているので、自分に合ったアプリを探してみてください。私はカメラで名刺を撮影すると自動ですべての項目をテキスト入力してくれるアプリを活用していますが、非常に便利です。

たとえば、これからお会いする人の名前がうろ覚えというときは、スマホですぐに確認しましょう。仮に突然お会いした場合、事前に調べておく余裕がなかった場合は、スマホを確認するフリをしてアプリを立ち上げれば相手にバレずに名前を確認できます。

ふだんから声を出して会話力を磨け

人によっては、初対面の人に自分から声をかけるのはハードルが高いと感じる方もいるかもしれません。ここで少し考えたいのは、「なぜ初対面の人に声をかけられないのか？」ということです。

あなたのプライドですか？

嫌われたらまずい？

うまく話すことができないからですか？

私の経験上ですが、よほど失礼な話をしない限り、相手に嫌われることはありませんし、話しかけたほうがむしろ喜ばれるのではないでしょうか。

また、初対面でフレンドリーに接するのは、なかなか難しいと考えている方もいますよね？　何も「友だちになれ」と言っているわけではありません。ただ、少しだけフランクに接したほうが相手も心を許しやすくなるのです。

話しかけて相手の話を聞く習慣を身につけることで人脈はどんどん広がります。こちらから話しかけるのは、慣れればどうということはありません。

また、ふだんから声を出す練習をしておけば苦になることはありません。

たとえば、飲食店、コンビニ、スーパーのレジで、お店のスタッフに笑顔で「ありがとう」と言うクセをつけるといいでしょう。

また、お昼に定食屋でご飯を食べたら、お店を出るときに「ごちそうさまでした！」と大きな声で言ってみるのもいいですね。

日々の練習で私がやっていることは、お昼ご飯に入ったお店などで、オーダーやお会計の際に店員さんに気軽に話しかけることです。たとえば、「いい天気だね」「ここはカツ丼がおいしいよね」など、他愛のないひと言でかまいません。ただし、お店が混雑しているときはやめてくださいね。お店の人の迷惑になってしまいますので。

このようにふだんから練習しておくと、いざ、仕事で初対面の方とお会いしても早く打ち解けられるようになります。要は人

と接することに慣れておくということですね。

定食屋ではなくラーメン屋を選べば信頼関係は向上する

まだそれほど親しくなっていない方と会食するときは、相手との距離が縮まるお店を選ぶようにしましょう。

第4章でもお伝えしましたが、体の距離＝心の距離なんです。逆に言えば、物理的な距離を縮めれば、相手との心の距離も縮めることができるのです。

仕事相手ともっと距離を縮めたいとか、上司ともっと打ち解けて、信頼関係を築きたいと思っている場合は、体の距離を近づけるようにするといいでしょう。

たとえば、相手の方とお昼に食事に行くことになったら、定食屋ではなくラーメン屋を選ぶのです。どういうことかというと、テーブルを挟んで向かい合って座るよりも、カウンターの隣り合わせに座るほうが体の距離が縮まるからです。

第4章で「人にはパーソナルスペースがある」というお話をしました（156ページ）。相手のパーソナルスペースに入ることができて、体の距離が縮まれば、必然的に心の距離も近くなります。しかし、パーソナルスペースは、人の防衛本能に根づいているので、気軽に入ると嫌がられることもあります。だから、必然的に距離が近くなるシチュエーションを意図的に作るのです。

たとえば、夜の食事の場合、居酒屋のカウンターに座るのもいいでしょうし、また、バーのカウンター席に座って話すことで、自然と相手との距離が近くなります。

横並びで座るとお互いの顔を見ないで話をする形になるため、あまり緊張しません

し、その分、気軽な会話ができるようになるというメリットがあります。

会社員時代、ふだん、家庭のことなど話さない上司が、横並びで座って食事をしたら、家庭のことを気さくに話しはじめたなんてこともありました。相手を正面で向かい合うと、どうしても距離が遠くなります。距離が遠くなるということは、心の距離も遠くなるので、信頼関係を構築するのに時間がかかります。

また、食べるものは相手と同じものをオーダーするといいでしょう。念のために、「おいしそうだから、私も同じものをお願いします」と言っておけば、自然になります。ただしあまり極端に合わせすぎると、変に誤解される場合もありますからそこは十分気をつけてくださいね。

ちょっとハードルの高いお願いを引き受ける

先方のお願いを先に聞くというのも、信頼関係を深めるためには有効な手段です。先方のお願いを聞くことにより、相手に対して、「お願いを聞いたという〝貸し〟」ができます。そうすることにより、こちらからの要望も聞いてもらいやすくなりますし、より人間関係を深めることができます。

大切なのは、「ちょっとだけハードルが高いお願いをされる」というところです。あまりにも簡単なお願いだと、相手に貸しができたとは思われません。お願いされたら少々厳しい話でも、断らずにやってみてください。お願いごとがない場合はこちらから尋ねてもいいでしょう。

お願いうかがいの方法は、「何か困っていることはありませんか?」とか「お手伝いできることはありませんか?」というシンプルな質問でかまいません。

たとえば、私の場合は、セミナーの集客のお手伝いを頼まれるケースが多いのですが、自分が動くことで解決できることであればラッキーです。全力でお願いを叶えてあげましょう。

ちょっとハードルの高いお願いをしてみる

まだ人間関係がきちんとできていないときに効果的なのが、あえてちょっとだけハードルが高めのお願いをしてみることです。相手が要求を飲んでくれるようであれば、相手はこちらに好意的な感情を持っているということです。比較的早めに人間関係を深められるでしょう。

「ハードルの高いお願い」とは、たとえば、サラリーマンで相手が取引先の場合ならば、「上司の方に会わせてください」というようなことです。

独立をしている人であれば、人脈の紹介をお願いをしてみるということでもいいと思います。どんな人を紹介してくれるかで、その人がどういう人かがわかります。

断られたり、ごまされるようであれば、まだあなたとの関係性が進展していないか、仲良くなりたいとは思っていないのかもしれません。この場合は別のアプローチを考えたほうがいいでしょう。

「相談」は信頼関係を強くするサプリメント

弱点を相手に見せるということは、「私はあなたのことを信頼していますよ」ということの裏返しです。また、**人は自分のことを頼ってくれる人に好意を抱きます。**そのため、仲良くなりたい人にちょっとだけ自分の弱みを見せるというのも信頼関係を強くします。特に、あなたがふだん弱みを見せない人の場合は、大きな効果があるでしょう。

相談は、順番が大切です。先にあなたがきちんとしている印象を与えてこそ、効果を発揮します。

相談は、「こういうことに困っているのですが、聞いていただけますか?」と話してみます。コツは、**いきなり「助けてほしい」と要求しないことです。**あくまで〝相談〟です。また、悩みや困りごとと不平不満は違いますので、ご注意ください。間違ってもグチや他人の悪口は言わないでくださいね。

信頼関係を強くしたい人に、自分の悩みを相談してみましょう。たいていの場合、親身になって聞いてくれるはずです。

どんな人とも簡単に信頼関係が作れるタイプ別「3つの攻略法」

人にはさまざまな個性があります。人によって好まれるアプローチは違います。ここでは、代表的な3つのタイプとそれぞれに適したコミュニケーションの取り方を紹介します。

タイプ1　社会経験豊富で自信満々のタイプの人
～社長、先生と呼ばれる職業の方など

ふだん会社や職場で特別扱いされていることが多いので、本人は威厳を保たなければならない立場だと思っています。そのため、少し近寄りにくい雰囲気を持っているかも

しれません。その一方で、対等に話してくれる人を待っているので、こちらから話しかけるのも有効です。

このタイプにはよくしゃべる人が多いので、質問をすると、話が止まりません。自分を売り込むのではなく、「すごいですね」という相づちを打つことでどんどん話をしてもらってください。親分肌なので、小さな相談をして少しだけ頼ってみることでも信頼関係が強くなります。

タイプ2　人と接することが苦手なタイプの人
～職人さんや芸術家など

このタイプの人は無口で人見知りに見えます。コミュニケーションが取れそうに見えないので、話しかける人が少ないのが特徴です。こういう人には、自分から相手の懐に飛び込んでみることをおすすめします。話してみると、実は人情味に溢れていて他人と仲良くなりたがっているということがよくあります。

無口な人ほど実は自分のことを話したがっています。特に、自分が興味があるものについてはふだんから話す機会が少ないので、話を聞いてあげると感謝されます。

タイプ3　誰とでも仲良くなれるタイプの人
～芸能人、営業マンなど

コミュニケーションが上手で、初対面の人ともすぐに仲良くなれる人がいます。こうした人は相手から話しかけてくれるので、待っていても大丈夫です。話しかけてきたら、「1人でどうしようか困っていたんですよ。話しかけていただいて、助かりました」などとお礼を言います。

名刺交換をして、相手の仕事がわかったら、こちらから質問をします。もともと、気さくで話好きが多いので、よく話してくれます。どんな些細なことでもいいので、相手との共通点を見つけることができれば、話が盛り上がります。

こちらからアプローチをする場合は、無防備な笑顔で話しかけてみます。よく話す人には、相手のペースに徹底的に合わせてください。

ただし、ときどき裏の顔があるので注意が必要です。

コラム column

短期間で相手との距離をグッと縮めるあだ名の効能

特に私が意識してやっているのは、本章の冒頭でも少しふれましたが、なるべく相手をあだ名で呼ぶようにすることです。とはいえ、当然ビジネスにもＴＰＯがありますから、自分の立場などをわきまえたうえでの対応をしています。

この人とは、仲良くなれそうだなと思ったら、初対面であっても「これからはなんて呼べばいいですか？」と聞いてしまいます。すると、たいてい「好きなように呼んでください」と言われるので、「じゃあ、〝〇〇（あだ名）〟っていうのはどうですか？」と聞き直し、「それでいいですよ」と言われたら、「じゃあ私のことは〝ムロさん〟と呼んでください」と、相手にもあだ名で呼んでもらうようにします。こうすることで、自然とお互いの距離が縮まる感じがして、より早く信頼関係を構築できます。

このやり取りは、出会ってからなるべく早いうちにやったほうがいいでしょう。ある程度時間が経つと、呼び方を変えるのはなかなか難しくなります。

Chapter 7

第7章
嫌いなタイプ、相性が合わない人の攻略法

あなたを成功に導くキーパーソンは1人ではない

キーパーソンがどうしても嫌い、相性が合わないということもあるかと思います。この章では、キーパーソンと相性が合わない場合の対策をお話しします。

あなたの目標を達成するために、必要な人脈だと思っても、見送ったほうがいい場合があります。たとえば、相性が合わない人に無理に合わせようとすると、常にあなたは気をつかうことになります。結果、ストレスが溜まります。これでは、サラリーマンが苦手な上司と仕事をしている状態と変わりません。

また、力関係で相手が上になってしまうと、必然的にあなたが下にならないといけません。この状態から対等な関係になるのは非常に難しいです。

あなたのゴールをサポートしてくれる人は世界に1人しかいないわけではありません。必ずほかにもいます。今キーパーソンだと思っている人にどうしても違和感があるのであれば、離れる勇気を持つことも大切です。

「苦手」と「嫌い」の違いを知る

誰しも、どうしても苦手な人や嫌いな人がいるでしょう。

ここで少し考えていただきたいのが、「苦手」と「嫌い」は違うということです。

「苦手」とは、得意ではないことをいいます。それに対して「嫌い」というのは、感情的な拒否のことです。

特に会社での上司だったり、部下だったりすると絶対に毎日会わなくてはならず、それだけでもストレスになったりしますよね。お気持ちはよくわかります。ですが、本当にその人が嫌で嫌でしょうがなかったら、近づかないというのも1つの方法です。

嫌いというのは感情なので、変えることは難しいですが、苦手は対応を変えることで対処することができます。

もし、ビジネスにおけるキーパーソンが嫌いな人だったらどうするか？

よく考えてみてください、「絶対その人じゃないとダメ」ということはまずないと思います。何かしらほかの方法や、ほかの人でも可能なことであれば、そちらを選択することもアリだと思います。無理に付き合うことでストレスを抱えながら仕事をしてもいい成果は得られません。もしあなたが会社員だとしたら、本当に嫌であれば部署の移動願いを出すか、最悪会社を辞めることも1つの解決策です。

それに対して、相手が苦手という場合は、仕事の進め方を変えることで解決できます。たとえば、相手の強引さが苦手な場合は、「決定する前には必ず相談をしていただけますか？」とお願いすればいいのです。

もちろん、嫌いは感情なので、印象が変われば好意に変わることがあります。また、苦手もあなたのスキルが上がることで解消されることがあります。

嫌い・苦手な人と会う時間を短くする4つの裏ワザ

これから作っていく人脈は、相性を大切にしてください。

しかし、現在の人脈を急に切るわけにもいかないでしょうし、その中には嫌いな人や苦手な人もいるでしょう。

どうしても苦手な人や嫌いな人と会わなければならない場合、接する機会を最小限にするということも有効な対策です。具体的には、次の4つを行なうことで会う時間を短くすることができるはずです（ご使用に関してはくれぐれも自己責任でお願いします）。

1　なるべく会話を引き伸ばさないようにする

これは、相づちを打たないとか、うなずかないようにして、相手の話に共感を示さないようにすることです。そうすることで、相手が話を続けづらくなる状況を作ります。ただし、無反応は失礼なので相手との関係性を十分に踏まえてから行なってください。

2　共通の話題を持ち出さない

これは、必要以上に会話を続けないようにするためです。相手から共通の話題を出された場合でも、こちらから話すことは避けます。

たとえば、上司が先週行ったゴルフの話をしてきた場合、あなたがゴルフをするとしても、自分のことは話しません。「いいコースだったよ」と言われたら、「それは良かったですね」でおしまいです。また、「今度いっしょに行こうか」と誘われたら、「とても部長といっしょに回れるレベルではありませんので」と断ります。

3　自己開示しない

人は自己開示し合うことで人間関係を深めることができます。ですが、個人的な話や踏み込んだ話をせず、ビジネスライクに徹することで、人間関係の距離感を保つことができます。相談ごとがある場合は、嫌いな人にするべきではありません。どうしても、相談しなければならない場合は、個人的な話はせずに、問題をどのように処理すればいいのかという判断だけを聞くようにしましょう。

4　フレンドリーに話さない

距離を置きたい場合は、なるべくフレンドリーに話さないことがコツです。要は、丁寧な敬語を使うことです。また、呼び方も事務的にすると距離を取ることができます。具体的には、「○○部長」と呼べばいいのです。

会社によっては、役職名で呼ばない文化を持っています。それは上司と部下の距離と近くすることが目的です。仮にあなたがこうした会社にいたとしても、上司との距離を保ちたければ、敬語と事務的に話すことがポイントになります。

人間関係のストレスを消し去る2つの方法

いったんある人を嫌いだと思いはじめると、その人の嫌な部分しか見えなくなります。どんどん嫌悪感が強くなり、その人がいると、それだけでも落ち着かなくなります。しかし、**あなたが相手を嫌いでも相手に嫌われていいことはありません。**

だからこそ、自然にふるまうことが大切になってきます。自然にふるまうために大切なことが2つあります。

1　嫌いという感情を入れないこと

人間ですから、嫌いという感情もあっていいと思います。

たとえば、中小企業の場合、ワンマンタイプの社長が多く、社員に厳しく接する人が多いようです。Ｙａｈｏｏ！知恵袋の相談などを見ると、ワンマン社長に対する不満の相談がたくさんあります。

１つ事例を引用してみますね。


〈相談〉

ワンマン社長に振り回され仕事が進まない！

集中して仕事をしたいのに、あれしてこれして、でちょこちょこ中断させられ仕事が進まず。

そして、○○の件終わった？って聞かれても、まだ終わってなくて怒られる。
お前のせいなんだよーーーー！！
もう年配のじいちゃん社長で従業員の気配りは皆無。自分の仕事が進まないとき
は従業員や業者の人に八つ当り。
こんな社長の下でうまく働くコツってありますか、、？
はいはい言うこと聞いてるしかないですかね、、。ストレスたまる、、、。

〈回答〉
無い。私が前に居た会社がそれだった。
原因であるバカ社長が存在する限り、問題は起き続ける。

この相談と回答を見てどう感じますか？
よくある光景なので、想像できるかと思います。しかし、本当にバカな社長なのでしょうか？　もしかしたら、すごくスピード優先で仕事をする人で、ガンガン利益を出しているかもしれません。その場合は、世間的な評価は優秀な社長ですよね。

もし、あなたが経営者だった場合、この相談者のような人を採用したいと思うでしょうか？　もしくは、回答者のような人を雇いたいでしょうか？　さらに、あなたにお聞きしたいのですが、社長、相談者、回答者の中で、誰と人脈を作りたいですか？

私は3人とも嫌ですが、少なくとも、相談者と回答者とは仲良くなれる気がしません。回答者と相談者の話を鵜呑みにすれば、極悪な社長のように思えますが、実際はわかりません。ですから、相手の発言などを安易に判断材料にしないことが大切です。

ときには嫌いな人が言ったことだというだけで、相手の言動の意味を正確に判断できなくなってしまいます。そうならないようにするために、嫌いな感情というフィルターを通して相手を見ることはしないということが重要です。

つまり、**嫌いな人が言ったというだけで、すべての言動を批判的に受け取らないようにしましょう**ということです。まずは、自分の感情を入れずに相手の話していることを客観的に考えるのです。もしかしたら、あなたが考えていることとは違う意味で話をしているのかもしれませんよ。

2　過剰に意識をしない

あなたにとって、許せないほど嫌いな上司がいるとします。しかし、その人も家に帰れば、奥さんとお子さんがいるかもしれませんし、とてもいい父親かもしれません。あなたにとっては最悪の人でも、ほかの人にとっては最高の人かもしれません。

まずは、このことを認識することが大切です。

もちろん、苦手な人や嫌いな人は避けたくなるのが人情です。だからこそ、あえてほかの人たちと同じように対応するのです。そのうち気にならなくなります。

あまり相手を意識せず、接していないときは、相手のことを忘れましょう。あなたがどんなに意識をしても、相手は変わりません。嫌いな部長はそのままそこにいて、あなたの苦手な仕事のやり方を続けるのです。

相手を変えることは不可能です。あなたが変わることで、相手への印象が変わり、嫌いという感情や苦手意識がなくなることがあります。結果、あなたが変われば、相手もあなたへの対応を変えてくれることがあります。

会社での嫌な思いをあなたが家で引きずっている間に、上司は家族と楽しい時間をすごしているとしたら、ストレスを抱えているのはあなただけということになります。

悪口は光の速さで広がる

　繰り返しになりますが、人に嫌われていいことはありません。会社にいると、嫌いな人があなたよりも上役だった場合、関係を悪くするとあなたの立場が悪くなります。

　人はほかの人と対応が違うなど、不自然な対応をされていると、必ずそれに気づきますし、周りにも影響します。そうなると、相手もぎこちなくなってきて、より関係が悪化することもあります。そうならないようにするためにも、特別なことをせずに、ごく自然にふるまうだけだと割り切って対応してみるのも1つの方法です。

　また、人の噂話は伝わるのが早いということもあります。あなたが誰かの悪口を言っているとしたら、あなたの知らないうちに、「あなたが悪口を言っている」ということは社内に広がっているはずです。

どんなに嫌いな人がいても、またどんなに心が許せそうな人がいても、悪口だけは絶対に言わないほうがいいでしょう。

人間関係のストレスと上手に付き合うコツとは?

職場などで関係が切れない場合、付かず離れずの関係をキープできればいいですね。どうしても嫌いな人を無理に好きになろうとしたり、ネガティブな感情を抑え込もうとしてガマンしたりするのは、ストレスを抱え込むことになります。そうではなく、苦手な感情を認めて向き合うことも大切です。

ズバリ、質問をします。

あなたは嫌いな人がいるおかげでどれだけの被害を受けているでしょうか?

生理的に大嫌いで、いるだけで気分が悪くなるというのは定量化できません。もしかしたら、ほかの人はなんとも思っていないかもしれません。その場合は、あなただけがストレスを抱えていることになります。まして、嫌いな相手はあなたをなんとも思っていないとしたら、あなたの独り相撲ですね。

先ほどの相談を例にすると、

お前のせいなんだよーーーー！！
もう年配のじいちゃん社長で従業員の気配りは皆無。自分の仕事が進まないとき
は従業員や業者の人に八つ当り。
こんな社長の下でうまく働くコツってありますか、、？

これは感情ですから、どの程度の被害があるのかはわかりません。

集中して仕事をしたいのに、あれしてこれして、でちょこちょこ中断させられ仕
事が進まず。
そして、◯◯の件終わった？って言われ終わってなくて怒られる。

こちらの被害は具体的で、定量化することができます。

仕事が中断される

社長の期待する納期に間に合わせられない

ということですから、仕事を中断されそうになったら、「これを終えてからお話を聞きますので、少しお待ちください。」と言えばいいですよね。納期に関しては、事前に「いつまでにやればいいですか?」と確認すればいいですし、ほかの仕事を差し込まれた場合は、「どちらを先にやればいいですか?」と確認してもいいでしょう。

相手に対する感情をはっきりと定量化しておきましょう。「嫌いでも被害がなければいいや」と割り切ることで、自然と相手のことを冷静に見られるようになります。すると、いつの間にか、相手のことが気にならなくなっていたなんてこともあるのです。

仕事に定量化できない感情を入れてしまうと、「全部まとめて大嫌い!」ということになってしまいます。仕事は定量化することを心がけてください。

もちろん、理屈の通らない人は世の中にいますから、「社長に口答えするな!」と逆ギレされることもあるかもしれません。その場合は、この本のノウハウを活かして、別の人脈と仕事を作るようにしましょう。

嫌い・苦手な人と新たな関係性を築く方法とは？

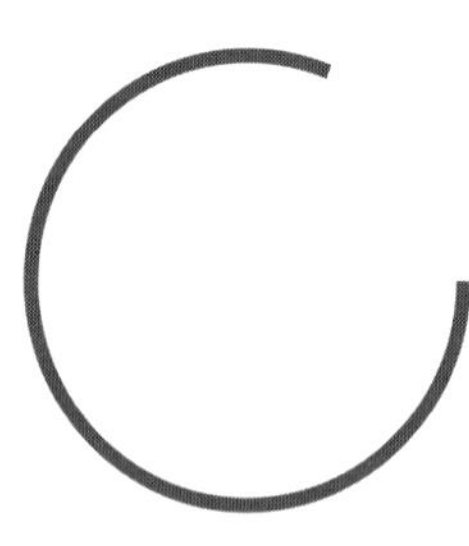
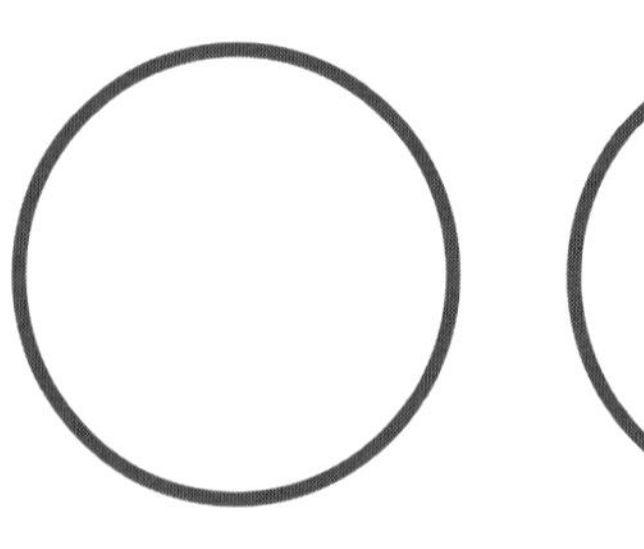

あなたは、上の図のどこに目がいきますか？

おそらく、円の欠けている部分だと思います。古来から人間には、ほかの動物から身を守るための生存本能として、相手の欠点を見てしまう習性があるようです。だから相手の欠点に目がいくのは当たり前のことなのです。だからこそ、意識して長所を見るように心がけるのです。人の長所を見ることができるということは、それだけで才能です。人脈作りにおいても強みになります。

嫌いな相手のいい部分だけにフォーカスすることで、嫌いではなくなることもあります。あえて苦手な部分には目を向けず、いいところだけを見るようにしているだけでも気持ちが変わってきます。せっかく知り合ったのですから、苦手な人で終わらせるのではなく、何かいい面を見つけることで、また違った関係性を作ることができるかもしれません。

人を嫌って得をすることはありません。好きと嫌いのエネルギーは同じです。嫌いな人にエネルギーを向けるのではなく、好きな人にエネルギーを向けましょう。

会社員時代の話なのですが、ある女性スタッフが上司が生理的に合わないので苦手だと話していました。その女性スタッフは結局その上司が移動するまでの約3年間は、まともに会話することはありませんでした。しかし、同じ上司が3年後に同じ部署に戻ってきたら、何があったのか、彼女とその上司はよく話すようになっていました。

離れていた間に苦手意識がなくなっていたんですね。もしくは、苦手意識を変えるくらい大きな出来事があったのかもしれません。

いずれにせよ、嫌いな人を無理に好きになる必要はありませんが、時間が感情を変えてくれる場合もあります。好きにならないまでも「普通」くらいになることで、あなたのストレスは相当に軽減されるでしょう。

嫌い・苦手な人をなくす方法
～自分よりも優れているところを3つ見つける

あなたは、人間の価値に差があると思いますか？ 命の重さは平等であるというのは、世界の共通認識です。違いがあるとしたら、役割の重要性くらいでしょう。

人には誰でも優れた点があります。あなたの中で相手への嫌悪感が強くなる前に、自分よりも相手のほうが優れている点を3つ探すのです。マーケティングの本などで、よく「商品のUSP（ユニーク・セリング・プロポジション）を見つけましょう」などといわれますが、それの〝嫌いな人バージョン〟です。

1カ所だと、もしそれが違っていた場合、いいところがなくなってしまうため、少なくとも3つは探しておきましょう。

相手のいいところを探しておくことで、ビジネスにおいて有利になることも多くなります。もし相手が得意な仕事があった場合、その人をあてにできるからです。もう1つは、自分よりも優れている点を知っていることで、相手に対して尊敬の念を抱いたり、好意的に思えることとです。そう考えることで相手へのストレスが少しだけ減るかと思います。

嫌いな人のＵＳＰを見つける7つの質問を紹介しておくので、参考にしてください。

〈嫌いな相手のいいところを見つける7つの質問〉

1 その人をホメるとしたらどんなところをホメますか？
2 その人はどんな仕事に精通していますか？
3 その人は何かで表彰されたことはありませんか？
4 その人はどんな相談を受けていますか？
5 その人が同じ役職者よりも優れている点は？
6 その人が大切にしているものはなんですか？
7 その人が情熱を注いでいるものはなんですか？

きっと、その人の優れているところが見つかるはずです。

最低限の尊敬と好意を持つ

相手のいいところが3つ見つかったら、その点について敬意を持ってみましょう。**少しでもいいので、「この人すごいなあ」と思うことで尊敬してみるのです。**人徳のある人というのは、多様性を認めることができる人です。自分のスタイルや価値観の中では力量不足でも、その人のフィールドの中では優秀だということは珍しくありません。

私はインターネットマーケティングの仕事をしています。パソコンに詳しいと思われがちですが、ワードやエクセルなどの操作はパソコン教室の先生のほうがよほど詳しいです。一方、パソコン教室の先生は、マーケティングについては知らないと思います。しかし、私が先生をマーケッターの立場から評価することはありません。パソコンに慣れていない生徒さんに教える点においては、先生のほうがはるかに優秀だからです。

このようにお互いに相手を尊敬することができれば、ビジネスに発展するかもしれません。たとえば、先生のスキルをオンライン講座にして、私はインターネットを活用してそれを販売することもできるのですから。

自分の感情を自在に操るセルフコントロール術

口グセの専門家の佐藤富雄先生の著書にこんなことが書かれています。

私たちの脳は、自身が発する言葉を正確に読み取りますから、否定的な言葉ばかり口にしていると、その通りの人生になってしまいます。

逆に、いつも肯定的な言葉を使い、前向きな考え方をしていれば、そのような方向へと人生は動いていく。人生が充実した実りあるものになるか、つらいものになるかの分かれ道は、すべて自分の言葉にあるということです。

（佐藤富雄『あなたが変わる口ぐせの魔術』かんき出版）

あえて苦手な相手のいいところを口に出してホメてみます。鏡に向かって行なっても大丈夫です。**人間の脳は極めて単純です。口に出したことをそのまま脳は受け取ります。**ですので、マイナスなことを口に出せば脳はマイナスのこととして受け止めます。逆に相手のいいところを口にすることで、自分で自分の脳を騙すことができます。ですから、あえて苦手な相手のいいところを口に出して、「あの人はいい人なんだ」と自分の脳に刷り込むことで、嫌悪感を軽減させることが可能になるのです。

嫌いな人を好きになる唯一の方法

嫌いな人を好きになるなんてあるのかと思うかもしれませんが、「嫌い」か「好き」を決めているのは、あなたの脳が勝手に決めていることです。ですから、考え方をちょっと変えるだけで相手に好意を持つことも可能です。

先ほど相手の良い点を3つ見つけてもらいました。その中で1つでも尊敬できることがあれば、それを学ぼうと思って話せばいいのです。そうすることで、あなたのストレスはかなり減ると思います。

さらに言うと、相手の優れている点を見ることは自分のストレスを軽減することにもつながります。学ぶ気持ちがあれば「あの人と会うの嫌だなあ」といったマイナスの感情とも無縁になるからです。

「漠然といいところを見る」のではなく、「この人から○○のことを学ぼう」「この人の○○な仕事の仕方を自分の仕事に応用しよう」といった自分のメリットを意識して探すことです。そうすることで、より積極的に相手のいいところを発見できるでしょう。そうなると自然と相手のことが好きになっていると思います。

自分の得意と相手の不得意、自分の不得意と相手の得意がマッチングすれば、面白い仕事ができるかもしれません。

大切なことは、**嫌いな相手に意識を向けるのではなく、自分の幸せを意識するということです。**実際、自分が幸せになれば、嫌いな人が減るという意識調査の研究もあります。自分に優しくなれば、人にも優しくなれるということですね。

人はなぜ、人を嫌って怒るのか？

人間には強いところも弱いところもあります。嫌いな人もいるでしょうし、怒ることもあると思います。人間だから感情が出てしまうのは仕方がありません。

ただし、怒ったときに冷静になれる仕掛けをあらかじめ作っておけば、自分で「怒っているな」と認識できたときに感情をコントロールすることができます。

実は、人を嫌ったり、怒るのは、そのことに関心を持っているからです。

特に自分の価値観が満たされていないと感じている部分には怒りがわきます。そんなときは、自分は怒っていると自覚すること、そしてどんな価値観が満たされていないのかと考えます。たとえば、たまに「君のために言っているんだ！」と怒る人がいますが、これはほとんどの場合「君のため」ではなく「自分の価値観のため」です。

あるいは、先ほどの質問のように、社長が仕事を差し込んでくることに対して怒りを感じるとしたら、「仕事は自分のペースでやる」「待たせた仕事には口出ししない」という価値観が自分の中にあるということです。それに対して社長の価値観は、「社長の命令には従う」「仕事は早くやるものだ」というものなのです。

このように、他人に怒りを感じたときに、自分が大切にしていること（価値観）がわかります。もちろん、相手が大切にしていることもわかります。それが「相互理解」です。相互理解ができたら、伝え方を工夫します。

心理学では、「Ｙｏｕメッセージ」と「Ｉメッセージ」といいます。

「社長は社員にのびのび仕事をさせなければならない」（相手が主語のＹｏｕメッセージ）

↓

「私は、社長に仕事を任せてほしいと思っている」（自分が主語のＩメッセージ）

嫌いな人とコミュニケーションを取らなければならないときは、Ｉメッセージで相手に伝えてみてはいかがでしょうか？

コラム column

苦手なお客様が尊敬するお客様に変わった日

私が会社員の頃、ほとんどのお客様がいい方でしたが、中には「このお客様はちょっと苦手だな」と思う方もいました。

いったん苦手意識を持ってしまうと、なるべくそのお客様と会わないようにしたり、避けてしまったりしていたのですが、そんなことをしていてもいい関係性は築けないと思い、そのお客様のいいところを探すようにしました。すると、そのお客様はふだん口が悪いのですが、実は人情味溢れる人だということがわかりました。

そのきっかけとなったのが、私が具合を悪くして会社を休んだときです。たまたまそのお客様が来店し、私が体調不良で休みだと聞くと、後日わざわざ名店から取り寄せた身体にいい食材を持って来てくれたのです。

実は、心の温かい人だったんですね。

その出来事を皮切りに、さらにそのお客様のいいところを探すようにしました。するとその方にはいいところがいくつもあることに気がつきました。そのうちに、そのお客様に対する苦手意識は消えて、むしろ尊敬できるようになっていました。

不思議なもので相手を尊敬できるようになると、今までの苦手意識はどこへやら、もっとその方のことを知りたくなっている自分に気がつきました。お客様が来店されることが楽しみになり、あんなに嫌だった会話も、その頃にはもっと話がしたいとすら思うようになっていました。

このような体験から、苦手な相手でも考え方を変えることで、苦手でなくなったり、好意を持てるようになるのだと思えるようになったのです。

Chapter 8

第8章 良質な人間関係を継続していく方法

いったん仲良くなった人には、遠慮なく頼る

第6章で、相手と仲良くなるためにあえてお願いごとをするのは、関係構築の有効な手段だとお伝えしました（201ページ）。人は誰かに頼られるというれしい生き物です。相手のために何かしてあげたいと思うものです。ですので、仲良くなりたい人には遠慮なく頼りましょう。

私はビジネスについてわからないことが出てきたら、周りにいる仲間たちにすぐに聞くようにしています。もちろん、最低限の知識などは自分で調べますが、あえて周りの人に聞くということもたまにします。

このとき、質問する相手が専門的な仕事をしているのであれば、その人の仕事に関連した内容の質問がいいでしょう。まったく関連性がないことを突然聞いてしまうと「なんで私にそれを聞いてきたの？」となってしまい、不審がられてしまいますから。

たとえば、人間関係を良好に構築したいと思っている人が不動産関係者の場合、あえ

て不動産関係の質問や相談をしたりします。

〈質問例1〉
相談者「近々、引越しを考えているのですが、今度相談に乗ってもらえますか?」

〈質問例2〉
相談者「知り合いが不動産の相続の件で知りたいことがあるんですけど、教えていただけませんか?」

聞きたいことがなければ、あえて質問や相談を作ってしまうのです。質問内容や相談内容はありきたりの質問でもいかまいません。

ここで、私が人を頼るときに送るメールの文面を次ページにご紹介します。できるだけムダなやり取りをしないように心がけています。相手に時間を使ってもらうので、1度で用件が伝わるように意識しています。できるだけこちらが持っている情報を相手に伝えるようにします、そのほうがより具体的な回答をしてもらえるからです。

〈Webライターを紹介してもらいたい場合の依頼メール〉

＊＊＊＊＊＊＊＊＊

【Webライター求人概要】

人材を探している経緯：

例文）当社のWebマーケティング事業の業務拡大をするにあたり、

Webライターの人材を探しております。

仕事内容:ライティング（セールスレター、ステップメール、ランディングページ)、Webマーケティングにかかわるライティングなど

勤務時間：未定

必要資格：無し

性別：不問

年齢：20歳～35歳

勤務地：恵比寿または渋谷

給与：20～30万円（プラス能力給等）能力によって相談させていただきます。

休日：基本は土日祝

その他：能力よりもお人柄を重視したいと思っています。

お忙しい中お手間をおかけいたしますが、何卒よろしくお願い申し上げます

＊＊＊＊＊＊＊＊＊

喜びを共有することでいい運気をつかむ

もし、人や仕事を紹介してもらって、それがうまくいったときは、すぐに連絡して報告をしましょう。喜びを共有することも人脈構築においては非常に重要な行動です。

報告をしても、返事が素っ気なかったり、イヤミなどを言われるようであれば、その人とはいい人脈を構築できないかもしれません。できれば、そのような人とはかかわり合いを持たないようにしたほうがいいでしょうね。

私は、今回の本の出版が決まったときも周りの人たちに報告をしました。多くの方からお祝いの言葉をいただき、それがまたやる気になりました。周りの人たちの期待に応えようと、自分を動かすエネルギーになりました。この本が出版されたあかつきには、報告をした人たちは、きっと応援してくれると思います。このように、報告は人脈の関係を深めることと、応援されるというプラス効果があるのです。

また、共通の知人にラッキーなことがあったら、本人に伝えてもいいかの確認をしてから、周りの人たちに報告をします。ほかの人の喜びを自分のことのように喜べることは、人脈を構築するうえでの大きなアドバンテージになります。

このように、自分や他人のラッキーなことを周りに報告していると、不思議なことが起こります。

ちょっとスピリチュアルな話になりますが、いつもポジティブないい言葉を使っている人は、ビジネスでも成功していたり、人間として魅力的に見えます。

逆にふだんからネガティブな言葉ばかりを使っている人は、ビジネスもうまくいってなかったり、その人のそばにいるだけで、なんだかこちらまで気分が滅入ってきてしまったり……なんて経験をしたことありませんか？

私が考えるに、いい言葉、いい出来事などを口にするということが、いい運気を引き寄せるのではないでしょうか。そして、いい言葉を多くの人に伝えることで伝えられた人もいい気分になり、いい運気のスパイラルに入るのではないかと思います。そうすることで、自分の周りにはいい運気の人が増えるわけですから、自分もいい運気のスパイラルに乗っていけるようになると思っています。

ただし、ここで注意しなくてはならないのは、あまり自分のことを言いすぎて自慢に

ならないようにすることです。自慢は嫌がられるだけなく、人脈を壊す原因にもなります。くれぐれも、自慢にならない程度の報告を心がけてくださいね。

次ページに報告の文面例を紹介しておきます。

これは、ビジネスでの活用例ですが、重要なのは、**ご紹介していただいた方のおかげで話がうまくまとまったと強調する**ことです。

〈報告文面例１〉

先日、○○さんにご紹介いただいた、△△様とのお仕事の件、
おかげさまでお話がまとまりましたので、
ご報告をかねてご連絡させていただきました。

○○さんが事前に先方様へご推薦していただいたので、
△△様とのお話も大変スムーズに進めることができました。
ありがとうございました。

また、改めましてごあいさつにうかがいますが、
いち早く○○さんにご報告をしたくて、メールで失礼かとは思いましたが
ご連絡させていただきました。

○○さんのご尽力には大変感謝をしております。
引き続き、よろしくお願いいたします。

〈報告文面例２〉

先日、ご相談させていただいた、○○の件、
おかげさまで話が進むことになりましたのでご報告します。

△△さんにご助言をいただき、その通りに話をしたところ、
まったく問題もなく進められることになりました。

△△さんのご助言がなければ、
ここまでうまく進めることはできませんでした。

本当に感謝しております。
ありがとうございました。

後日おうかがいして、改めてご報告させていただきますが、
いの一番に△△さんにご報告したかったので、
取り急ぎメールにてご連絡させていただきました。

また、ご相談させていただくこともあるかと思いますが、
何卒よろしくお願いいたします。

必ずその人の役に立つ人物を紹介する

自分のビジネスと関係がない人を紹介されることほど迷惑な話はありませんよね。ですから、人を紹介するときは、本当に相手にとって必要な人材か、相手のビジネスにお役に立てる人材かをしっかりと見極めて紹介する必要があります。

まず人を紹介するときは、どのような人材を紹介したら喜んでもらえるのか、徹底的に相手のニーズをリサーチをします。「リサーチ」と言っても、いっしょにご飯を食べながら、相手の求めていることを聞き出したり、直接どのような人材が必要か質問したりすることで、十分に情報を得ることができます。相手がふだんからどういうことに興味を持っていて、今後どのようなことをしたいと思っているのかを聞き出しておくことが大切です。

人を紹介するコツは、自分と同じ業界以外の人脈を持っておくことです。私はインターネットマーケティングを仕事にしているので、さまざまな業界の方と仕事をしています。

たとえば、建築業の場合、仕事の受注方法を教えてくれる人を探している人もいれば、職人を探している人もいます。

仮に職人を探しているという場合であれば、私自身に職人の心当たりがなくても、人材派遣関連の仕事をしている人との人脈があれば、その人材派遣業の方をご紹介することができます。

人と人をつないだら必ずフォローする

私は、紹介をする側にも責任があると思っています。

ですから、AさんにBさんを紹介する場合は、私を含め最初は3人で会うようにしています。お互いが良好なコミュニケーションを取れるように、私が仲立ちをします

このときに、注意しないといけないのは、その場の主役は私ではないということです。最初はお互いのご紹介をしたりして私が話を主導しますが、2人が打ち解けたら、あと

は2人に任せてしまい、私は聞き役に徹します。

そして、**人と人とをつないだら、必ずフォローをすることが大切です。**お役に立てたか、間違えた人材を紹介していないかなど紹介後も両方に連絡して確認をすることが大切です。

たとえば、AさんにBさんを紹介したら、後日Aさんには、Bさんは探していた人材通りの人だったか？　もしくは、思っていたのと違っていたのかどうかを確認します。そして、Bさんにも連絡をして、Aさんとうまくやれそうか、不都合がないかどうかの確認をします。

うまくいくようであれば、そのまま見守ります、もし、紹介した人が間違っていたり、合わないようであれば違う人を紹介するようにします。

相手が困っているときは全力で助ける

人脈術に限らず、人として困ってる人を助けるのは、大切なことですね。ましてや、仲間が困っているのであれば、ぜひ力になってあげましょう。私は人から頼られるのが好きなのか、人に相談されるとトコトン助けてあげたくなってしまう性分です。

あるとき、知人からエンジニアを紹介してほしいと言われたのですが、そのときエンジニアの知り合いはいませんでした。そこで、人材派遣業をやっている友人に知人を紹介し、人材を探してもらったところ、すぐにベストな人材を見つけることができました。エンジニアを探していた知人からも喜ばれ、紹介した人材派遣業の友人にも喜ばれました。2人の喜んでいる顔を見ると、紹介して良かったと思いますし、力になれた自分も誇らしい気分になりました。

このように私は仲間が困っていたら、自分の持てる人脈を総動員してでもその人の悩みを解決できるようにがんばります。

「相談してもらえるということは、自分を信用し

てもらえているということだ」と思い、全力でその期待に応えるようにするのです。

追う立場から追われる立場になると人生は大きく変わる

ここまで私がやってきた人脈作りの方法のすべてをお話ししてきました。

おかげさまで、私は自由に仕事ができ、将来への不安もありません。そんなときだからこそ、絶対に忘れないことがあります。

それは人脈がなかったときに困った経験と当時の気持ちです。

自分が本当に困っていたときに、私に手を差し伸べてくれた人たちのおかげで私がどんなに救われたことか。私は一生忘れません。だからこそ、以前とは比べようもない豊かな人生を手に入れた今も、常に謙虚でいようと思うのです。

あなたに人脈ができて、成功の階段を登りはじめたら、あなたは、「追う立場（こちらから会いにいく、相手に時間を作ってもらう）」から、「追われる立場（相手から会いたいと言われ、ムダな時間や行動をしなくても人脈が自然と広がる）」になります。追われる立場になることで、本当に有益な人脈だけができていくようになるでしょう。

そんなときに、あなたをキーパーソンとみなして頼ってきた人を邪険に扱わないようにしてください。人によっては発展途上で、あなたのレベルと合わないかもしれません。そんなときは、あなたがメンターとなり、その人を導いてあげてください。

「金は天下の回りもの」といわれます。

私は人脈のご縁も同じだと思います。

私がいただいた人脈というご縁を、この本を通してあなたにも手に入れていただければ幸いです。

あなただけの最高の人脈を構築されることを願っています。

おわりに

たった1つの出会いで、その後の人生が大きく変わったということは、誰もが1度は経験したことがあるのではないでしょうか?

あの出会いがなかったら、今の自分はなかった。まさに私がそうでした、長年勤めた会社を辞め、自分で仕事を始めた頃、なんの実績も人脈もなく、ただ毎日、生活をするためだけに必死に動き回っていました。

友人から紹介してもらった建築現場の仕事で朝から夕方まで働き、帰宅してから、夜遅くまでホームページ制作の仕事をしていました。そして、翌日は朝5時に起きて建築現場に向かう毎日。生活のために、ときには公衆トイレの清掃などの仕事をしたこともあります。

先の見えない真っ暗なトンネルの中をひたすら走っているように、「この生活はいつ改善されるのだろうか?」という不安の中ですごしていました。

本当に辛い日々が続き、精神的にも肉体的にも疲れ果てて、「このまま生きていていいのだろうか？」と心が病んでしまったこともありました。

「これではダメだ！　自分が変わらなくてはいけない」と思い立ち、まずは人に会うことから始めました。そして、そこからさまざまな出会いがさらなる出会いを呼び、多くの方々に助けていただきながら、ここまでやって来れました。あのとき人脈を作ろうと決意しなければ、今の自分はなかったと思います。

本書の中でも述べましたが、「人脈」は地道な努力の積み重ねです。まさに「人脈は1日にして成らず」だと思います。ですが、人脈構築は辛いものでは決してなく、楽しみながら誠実に育てていくものです。なんといっても、人との出会いは楽しいことばかりですから。

仲間といっしょに切磋琢磨しながら、ともに成長していけるというのは、本当にありがたくもあり、うれしくもあります。そんな仲間たちがいるから今日もがんばれると思うのです。

人と人とのつながりの結晶である「本物の人脈」を築いていくということは、ビジネスだけでなく人生そのものを豊かで楽しいものにしてくれると私は確信しています。

そんな豊かな人生を送るために本書をぜひ活用していただきたいと思います。

私は遠回りしましたが、この人脈攻略本があることで、あなたは最短で最高の人脈を構築することができると思います。そのための第一歩として、まずは「意識」をしてください。自然と人脈構築ができるようになるまで、本書の内容を実践しながら「意識」して行動してください。そして、あなただけの「本物の人脈」を作り「目標」や「夢」を叶えられる充実した人生を送ってください。

私はいつでもあなたを応援しています。

最後に、この本を出版するにあたり、多くの方にご協力をいただきました。まずは、この出版のきっかけを作って下さった私の良き友人でもあり、ビジネスパートナーでもあるイグゼロ氏。企画から編集・出版にいたるまで全面的にご協力いただいた出版プロデューサーの貝瀬裕一氏やライターの別所諒氏、長いことお待たせしても文句1つ言わず、出版にご尽力していただいた二見書房の船津歩編集長。そして、この本を多くの方に広めようと、いろいろな媒体で紹介してくれた愛しさ仲間たち。

そのほか、非常に多くの方にご協力をいただき出版することができました。この場をお借りしてお礼を申し上げるとともに、心から感謝いたします。

そして、この本を読んでくださった読者の方々、いつも相談に乗ってくれる友人たち、これから出逢うであろう未来の仲間たち、すべての人に感謝をこめて。

今後ともよろしくお願いいたします。

２０１８年８月　室井良輝

著者略歴

室井良輝（むろい よしてる）

株式会社レゴス代表取締役／Webマーケティングディレクター
1971年生まれ。1992年、英進国際情報専門学校卒業。20年間勤めた自動車メーカーの営業職を辞めて起業するも、わずか数カ月で挫折。その後まったくのゼロから人脈を作りはじめ、知人の紹介やセミナーへの参加などにより、約3年間で3000人以上の人びとに出会う。その中には、大手企業の取締役社長、年間数億円を稼ぐ投資家や起業家、そして元オリンピック選手、芸能人など多くの成功者が含まれる。こうして培った人脈を生かし、Webマーケティングのプロジェクトに携わり、3年間で約7億円の売り上げを達成。現在は、ネットマーケティングを通じて社会に役立つサービスを持つ企業や個人を発展支援し、人々の暮らしを豊かにすることを目的としたビジネス展開を行なっている。

平凡な元会社員が3年で7億円稼いだ超速☆人脈術

著　者　室井良輝

発行所　株式会社二見書房
〒101-8405 東京都千代田区神田三崎町2-18-11
電話 03(3515)2311／営業
03(3515)2313／編集
振替 00170-4-2639

印刷所　株式会社堀内印刷所

製本所　株式会社村上製本所

乱丁・落丁本はお取り替えいたします。定価はカバーに表示してあります。

ISBN 978-4-576-18169-1
http://www.futami.co.jp